U0695883

感恩

那超越生命的爱

青春励志系列

陈志宏◎编著

延边大学出版社

图书在版编目（ＣＩＰ）数据

感恩：那超越生命的爱 / 陈志宏编著 . — 延吉：
延边大学出版社 , 2012.6（2021.10 重印）
（青春励志）
ISBN 978-7-5634-4846-3

Ⅰ . ①感… Ⅱ . ①陈… Ⅲ . ①品德教育—青年读物
Ⅳ . ① D432.62-49

中国版本图书馆 CIP 数据核字 (2012) 第 126290 号

感恩：那超越生命的爱

编　　著：陈志宏
责任编辑：林景浩
封面设计：映像视觉
出版发行：延边大学出版社
社　　址：吉林省延吉市公园路 977 号　邮编：133002
电　　话：0433-2732435　传真：0433-2732434
网　　址：http://www.ydcbs.com
印　　刷：三河市同力彩印有限公司
开　　本：16K 165 毫米 ×230 毫米
印　　张：12 印张
字　　数：200 千字
版　　次：2012 年 6 月第 1 版
印　　次：2021 年 10 月第 3 次印刷
书　　号：ISBN 978-7-5634-4846-3
定　　价：38.00 元

前　言

有这样一则故事：有个人养了一只小白鼠，结果有一天这只小白鼠的腋根部长了一个硬块，开始很小，后来逐渐大起来，活动起来都很吃力。这个人发现后，就想可能是小白鼠寿数已尽，就转身去拿手术刀，准备解剖它，取出一些新鲜的肿块组织进行培养观察。

就在他打开手术包时，一幕景象让他惊呆了：小白鼠艰难地转过头去，死死地咬住已有拇指大的肿块，猛地一扯，皮肤裂开一条口子，鲜血直流，小白鼠痛得全身颤抖！稍后，它一口口地吞食掉那将要夺去它生命的肿块。每咬一下，都伴随着身体的痉挛。就这样，一大半肿块被小白鼠自己咬下吞食了。

小白鼠这样做是为了自己能够生存吗？不是的。

几天后，这个人发现：小白鼠生下了一堆粉红色的白鼠仔，这些小家伙正在拼命地吸吮着乳汁。原来小白鼠那样做并不是为了自己，而是为了这些可爱的小白鼠仔。

小白鼠仔渐渐长大，它们拼命地吸吮着身患绝症、骨瘦如柴的母鼠的乳汁。终于有一天，在生下仔鼠的21天的早晨，小白鼠安静地死在了鼠盒中间。小白鼠的离乳期是21天。也就是说，从小白鼠死去的这天开始，仔

鼠们不需要母鼠的乳汁也可以独立生活了。

这个故事令人潸然泪下，究竟是什么样的力量支撑着重病重伤的小白鼠多活了21天？是母爱！是那超越生命的母爱。

每个人的一生中都可以拥有很多种爱：父母之爱、恋人之爱、朋友之爱、社会之爱……同样，有许多爱也是伟大而高尚，甚至是超越生命的。对于人生中幸运地拥有这些爱的人，一定要怀有一颗感恩之心：感恩父母、感恩恋人、感恩朋友、感恩社会……人类的美是以爱来呈现的，而感恩之心，是人类心田中最美的种子。它发芽之后，开出爱的花朵，结出爱的果实。从这个意义上来说，懂得感恩的人，一定在心中藏有大爱，并以此关照、抚慰人、呵护人、爱人的人。

此书通过一系列凝聚着人间至情至性的关于父爱、母爱、亲情、友情、爱情的故事，告诉我们这样一个道理：活在这个世界上，我们应时刻懂得感恩，感谢父母、爱人、亲友甚至是给予我们帮助的陌生人。因为有了他们，我们的生命才有意义、有价值。

目录

第一篇　聆听母亲如水般的爱

第二篇　解读父亲如山般的爱

第五篇　父母是我们的第一任老师

第一篇

聆听母亲如水般的爱

母亲是一本无字的书，她教给我们无限的慈爱，也教给我们如何去奉献爱；母亲是一首无声的歌，她默默地劳作，谱写出一曲曲美妙的乐章，播撒着人生的真谛。母亲滋养着人间真善美，洗涮着世上假丑恶。母亲是一团不熄的火，她将自己燃烧，把世界照亮。失去母爱，天地将一片黑暗。

谁为我捐献了耳朵

"我能看看我的孩子吗？"同天下所有的母亲一样，这个刚成为母亲的女人，急切地问道。刚刚经历的巨大的阵痛已经消失得无影无踪，她一脸的阳光灿烂。于是，护士小姐把襁褓递给了这位幸福的母亲，她自己却迅速地转过身，朝窗外看去。抱着自己的小天使，母亲的心简直都融化了。

多美啊！粉嫩的小脸，软软的头发，母亲迫不及待但又小心翼翼地解开了襁褓。一下子，她惊呆了！这么完美的小脸上居然没有耳朵！"耳朵在哪儿？我儿子的耳朵在哪儿？"她不敢相信自己的眼睛，"不会的，不会的……我的儿子怎么会没有耳朵？"

物换星移，随着孩子一天天长大了。幸运的是，他的听力没有任何问题，不幸的是，他永远和别人不一样，他的头部就贴着这个异样的标签。全家人对此讳莫如深，好在儿子毕竟年幼，不谙世事。但终于有一天，放学回家的儿子，泪流满面地一头扑进了母亲的怀里："妈妈，我再也不上学了……"伤心的泪流在儿子的脸上，却流进母亲的心里。明知道这一天迟早要到，但真的到了，还是那么令人难以接受。经过询问，儿子说出了当天的事情经过。原来，有个高年级的大男孩欺负他。那个男孩毫不留情地骂道："你滚，滚回家去。你怎么和别人不一样呢？你的耳朵呢？一个怪物……"听着儿子的号啕大哭，妈妈的心仿佛在流血。"孩子，我们只有接受这个现实。你要坚信，你不比别人差，你和别人一样优秀……"

也许是对不幸的补偿，除了那一点缺陷外，儿子几乎完美无缺。他不仅高大英俊，而且对文学艺术有着常人难以企及的天赋。有一天，父亲专程去拜访了一位资深的医学专家。了解这位父亲的痛苦后，这位专家同情地说："只要有人肯为你儿子捐献出耳朵，我不仅负责把它装上去，而且我能做到看起来天衣无缝。"但谁肯做出这么大的牺牲呢？两年过去了，终于有一天，父亲对儿子说道："孩子，告诉你一个好消息。我和你妈妈已经找到了一个人，他愿意为你捐献耳朵。只是他要我们为他保密。"

手术非常成功，一个崭新的人出现了！完美的外表加上优秀的天赋，让他的中学乃至大学的校园生涯一路凯歌。后来他结婚了，并成为了一名

风度翩翩的外交官。

现在，儿子已是一个成熟的男子汉了。对现在的他来说，耳朵的缺失已不再像当年那么重要，但在人生的旅程中，那一段经历曾是怎样的痛彻肺腑啊！于是，他对爸爸坚定地说道："爸爸，我必须要知道是谁为我付出了那么多？我一定要报答他。现在我有这个能力了……"父亲说："孩子，我相信你不能。根据协议，你现在还不能知道。"

这一天终于到了。也许对儿子来说，那是最黑暗的一天！他和父亲站在母亲的梳妆台旁。父亲温柔地体贴地揭开母亲那红褐色的、有点花白的、几乎从未理过的厚厚的头发。妈妈，妈妈没有了耳朵……

心灵感悟

从"手术非常成功，一个崭新的人出现了！完美的外表加上优秀的天赋，让他的中学乃至大学的校园生涯一路凯歌。后来他结婚了，并成为了一名风度翩翩的外交官"这些文字里，不难看出母亲是用自己的耳朵换取了儿子的幸福一生。

世界上没有相同的母亲，却有相似的母爱。母爱坚定而深厚、执著而无私、美好而宽广。每个母亲都心甘情愿地为自己的孩子做出或大或小的牺牲，她从不因此邀功；她从不因此后悔；她从不因此要求回报……

不管在什么时候，她爱孩子都胜过爱自己，这正是母爱的最伟大之处。

承载生命之路

一个普通的瑶族山寨，住着一对相依为命的母子。本来日子就很清贫，小孩8岁那年，突然得了一场大病，总是晕一阵醒一阵的，而且高烧不退。母亲带着他看了很多医生，都不能确诊，都说那是一种很奇怪的病，没有人可以说得出病名。而母亲依然没有放弃，像所有求医的父母那样，只要打听到一丝希望，母亲就不顾一切去尝试一下。就这样试了很多种药，病情还是没有什么起色。家里一切能换成钱的东西都变卖掉了，可小孩的病还是逐渐恶化，原本瘦弱的身体一点一点越来越干瘦。由于肌肉萎缩，小

孩已经站不起来了，每天只能躺在床上。

一天，母亲又从邻居那里打听到很远地方有个神医，他的药可以治好小孩的病。她便背着骨瘦如柴的孩子，走了两天才找到那个神医并开了药。小孩服过几包后，果然病情有些好转，已经能勉强吃点东西了，而且脸色也开始恢复红润，母亲非常高兴。可是，神医的药很贵，她只能很辛苦地每天上山砍柴，用这种最原始的手段艰辛地维持一家人的生计。有时候，为能多打些柴，母亲深夜才能回到家里。

普通的中药，都是熬了三遍就弃渣，可是母亲往往要熬七八遍，淡到像清水一样，实在没有味道了才舍得倒掉。后来男孩无意间发现，母亲每次都把药渣倒在马路上，被过往行人踩得稀烂。男孩不解，问母亲为什么，母亲告诉他，别人踩你的药渣，就把你的病气带走了，这样你就好得快些。孩子起初不太明白母亲的做法。但是想想问道："这怎么可以呢？我宁愿自己一个人得病，也不想别人得这个病。"母亲看着眼前的孩子，没有说什么。从此以后母亲不再把药渣倒在马路上。

每天，母亲很早就起床，为孩子熬好药，就顶着露水进山了。日子就在母亲无数的砍柴与期待中一天一天过去。一天傍晚，母亲进山还没有回来。男孩口渴试着去拿杯子喝水，突然发现，自己能够站起来了。他扶着墙站了很久，便跌跌撞撞地冲向后门，他想母亲回来的时候，第一眼能看到他站在那里，他想给母亲一个惊喜。

推开门，是一条径直通往山里的小路，蒙蒙的月色洒在这条母亲每天必经之路，这时候，他才看清楚，路面铺满着一层稠厚稀烂的东西，是药渣。那条路平时很少有人走，只有母亲每天砍柴时经过那里。

心灵感悟

母爱像水，她的柔弱善良令我们匍匐前进，她的韧性刚强令我们涕泪交流。

如果说，母亲是我们继续活下去的理由，那么，我们就是母亲活下去的支柱。母亲忍辱负重，为的是让我们平平安安。

快乐的母亲节

在最近出现的各种想法中，我认为最好的莫过于每年庆祝一次"母亲节"的主张。5月11日这一天在美国越来越受欢迎了，我对此毫不奇怪，而且我坚信这一主张准会传遍英国。尤其在我们这样一个大家庭，这种主张特别容易受欢迎，因此我们决定好好庆祝一下"母亲节"。我们觉得这一主张好极了。它能让我们意识到母亲这些年来为我们所做的一切，她所有的操劳和做出的牺牲全是为了我们啊。

因此我们决定好好庆祝一下这个盛大的日子，要把它变成全家人的节日，尽我们所能使母亲感到幸福。为庆祝这一节日，父亲决定休假一天，不去办公室；姐姐安娜和我也请了假，不去大学上课；妹妹玛丽和弟弟威尔也呆在家里，不去中学上学。

我们计划把这一天过得就像圣诞节或任何一个大节日那样隆重，因此我们决定用鲜花布置房间，在壁炉架上贴满格言，此外还有很多诸如此类的装饰。我们请妈妈来写格言和布置房间，因为圣诞节的时候这种事儿总是由她操办的。

两个姑娘觉得：穿上我们最好的衣服庆祝这个盛大节日真是太好了。因此她们俩都买了新帽子。母亲亲手把两顶帽子都好好装饰了一番，它们看起来漂亮极了。父亲为我们兄弟俩和他自己买了几条活结丝领带作节日纪念，好让我们时常想到母亲。我们本想给母亲买一顶新帽子，可后来发现她好像更喜欢她那顶旧的灰色无檐帽，不想买一顶新的，再说姑娘们也都说那顶旧帽子她戴着挺合适的，因此只好作罢。

按原来的计划，我们决定在吃完早饭之后给母亲一个意外的惊喜，那就是租一辆车带她去乡间美美地畅游一番。这种享受她在平时几乎是无福消受的，因为我们只雇得起一个女佣人，因此母亲几乎时时刻刻都在家里忙个不停。眼下的乡间自然是景色宜人，要是能驱车到乡间漫游一个上午，那对她可真是一次莫大的享受。

可就在那一天的早上，我们把原来的计划稍稍做了一点修改，因为父亲突然想到一件比带母亲去乡间游玩更有意思的事情，那就是去钓鱼。父

亲说反正车也租了钱也付了，还不如开车到山涧溪流去。嘿，那样既可游玩又可钓鱼。正如父亲所说，要是你漫无目的地开车出去，那你就会产生一种盲目感；而假如你是开车去钓鱼的话，那你就有了一个确定的奔头，顿时会兴致大增。

我们也都觉得有一个确定的目标对母亲来说更棒一些。再说，父亲恰好在头一天买了一根新钓竿，这使得去钓鱼的主张更合情理了，而且他还说要是母亲乐意的话，她可以用它钓钓鱼玩。事实上，他说钓竿其实是为她而买的，可是母亲说她宁愿看他钓鱼，而她自己却不想试一试。

于是，我们就为这次出游做起了准备工作。尽管我们无疑会在中午时分回家来好好地吃上一顿正餐，就像圣诞节或元旦时那样，但我们还是要母亲切一些三明治带上，以便我们在中途饿了时用来应急。母亲把吃的东西全部装进一个篮子里，然后我们就准备出发了。

可是，当车开到家门口的时候，我们意外地发现车子好像根本没那么宽，因为我们事先没有考虑到父亲的钓鱼篓、钓竿和那个装午餐的篮子，我们没法一个不漏地坐进车里是很显然的了。

父亲叫我们不要管他，他说他留在家里也一样，说他相信他可以在花园里充充实实地干一天活儿，他说可供他干的粗活儿脏活儿挺多的，比如说挖个垃圾坑什么的——还可以省下雇别人来挖的费用哩，因此他乐意呆在家里，他叫我们不要为他3年来没真正休过一天假而过意不去。他要我们只管去就是了，好好地玩上它一天，快快乐乐的，根本不用挂念他。他说他完全可以充充实实地在家过一天，事实上他还说，像他这样的人想休假闲着也太不切实际了。当然，我们都觉得把父亲搁在家里是绝对不行的，尤其是我们知道，他要是真的一个人呆在家里，准会惹出乱子来。安妮和玛丽两位姑娘表示乐意留在家里帮助女佣人准备午饭，只是在这么好的天气呆在家里好像太对不起她们新买的帽子了。不过她们俩都说只要母亲发话，她们都乐意呆在家里干活。威尔和我本来是该留下来的，可遗憾的是我们对做饭一窍不通，留下来啥用都没有。

就这样争来争去，最后的决定是让母亲留下，让她在家里好好地休息一天，同时也做一做饭。好在母亲对钓鱼没什么兴趣，再说，尽管天气晴朗，但户外还是有点凉意的，父亲很担心母亲同去的话弄不好会着凉。

他说，在母亲本该好好休息的日子，他若是硬拉着她在乡间转来转去

并使她严重感冒，那他是永远不会原谅自己的。他说母亲为我们全家操劳得够多的了，我们有责任千方百计让她尽可能多地得到休息和安宁；他还说他之所以想到外出钓鱼这个点子，主要还是因为这样一来母亲就可以得到片刻的宁静了。他说年轻人很少能意识到安宁对上了年纪的人是多么重要。至于他自己嘛，他说他倒还能够忍受闹哄哄的场面，不过他很乐意让母亲免受这样的折磨。

于是，我们为母亲欢呼三声，然后就开着车上路了。母亲站在走廊上目送我们离去，一直到再也看不见我们为止。父亲每过一会儿就向她挥挥手，直到他的手碰着车的后壁了，他才说他以为母亲现在看不见我们了。

我们在山间玩得实在是太痛快了，这你完全可以想见。父亲钓到各种各样的大鱼，他确信要是由母亲来钓的话，那么大的鱼她是无论如何都钓不上来的。威尔和我也过了一把钓鱼的瘾，不过我们钓到的没有父亲多。姑娘们也不虚此行，一路上碰到很多熟人，而在溪边又遇到很多小伙子，是她们的朋友，和她们神侃了好久哩。总之，我们大家都玩得非常愉快。

我们回到家时已经很晚，差不多是傍晚7点了。母亲估计我们会回得晚一些，因此，她把晚餐温在火上等候着，以便我们回来时刚好可以热乎乎地端出来。只是她先得替父亲拿毛巾、肥皂以及他的换洗衣服，因为他每次钓鱼回来都是脏兮兮的。另外，母亲还得帮两个女儿收拾一下。这些事儿够她忙一阵子的。

最后总算一切准备就绪了，我们在餐桌边坐了下来。晚餐实在是太过于丰富了——有烤火鸡和圣诞节的各种美味。席间母亲不得不时不时地起身，前前后后取这取那地忙个不停。不过后来父亲注意到了这一点，他说她根本不应该这么累，说他希望她歇着，然后他站了起来，亲自去把餐具橱上的胡桃取了过来。

晚餐持续了好长时间，而且有意思极了。吃完之后，我们都想为清理餐桌和洗碗助一臂之力，可母亲说她确实很乐意由她干这事儿，于是我们只好让她去干，因为为了使她高兴，我们怎么说都得顺从她这一次。

等到所有的一切都收拾停当，时间已经很晚了。当我们上床睡觉前和母亲吻别的时候，她说这一天是她一生中度过的最美妙的时光，而且我感到她这样说时眼中含着泪光。所以我们全家人都感到自己所做的一切都得到了彻底的回报。

　　本文塑造了一位一年到头终日为全家默默操劳而别无他求的母亲形象，令人久久难忘。这看似荒诞、实则真实而平凡的情节在作者幽默的笔法下显得越发耐人咀嚼、值得回味、发人深省。几乎每一位母亲都是这样为一家人忙忙碌碌，只是大家熟视无睹。"放松"的一天其实正是母亲平常的一天，与其说我们在为母亲过节，不如说我们在享受着母亲节里来自母亲的关怀和照料。

　　但即使如此，母亲都会无比感动、无比满足，母亲的要求原来竟是这样低。难怪有人说，母爱如歌，唱出了生活的美好，唱走了心中的苦闷，唱开了花朵，唱散了乌云，唱出了太阳，唱遍了人间的至爱真情。母爱如歌，永远也唱不够，唱不完！母爱如歌，希望大家能一生都用心聆听！

母爱就像是一盏灯

　　母亲离开我已经有一年之多了。在这300多个日日夜夜里，我没有一刻不在想她，没有一刻不在回忆她。眼睛所望之处，处处都有她的影子，甚至在每晚睡前我都会祈求：母亲啊，到我的梦里来吧，好让女儿好好看看您；好让女儿再在您的怀里撒一次娇；好让女儿知道您过得好不好。

　　母亲是一个平凡而又伟大的人。平凡，是因为她的一生没有做过什么大事。伟大，是她用那温柔的性情和宽广的胸襟，换来我们家生活的安稳和祥和。母亲很要强，有时也很刚烈。年轻时，她和父亲辛苦的拉扯着我们兄妹3人，那时，每人的工资在30元左右，除去一家5口人的吃喝，已经所剩无几了。姥姥去世得早，没有一个人能够拉母亲一把。她晚上下班回到家，还给我们3个做衣服，做鞋，还要从外面领回些零活补贴家用。记得那时，我经常睡了一觉醒来，她还在灰暗的油灯下忙碌着。母亲宁愿整宿不睡觉，也要让我们3个穿得有模有样的，决不能让人家笑话。后来，母亲的眼睛在50多岁就花得很厉害了，我想，一定和年轻时灯下的忙碌有很大关系。

　　父亲年轻时身体不好，经常大把大把地吃药。下班后为父亲抓药，成

了母亲生活里的一项重要内容。那时，城里的药店少，药品短缺，有时为了一味药，母亲不惜跑三四十里路，到乡下的小药店去碰运气，直到所有的药全配齐了，再一副一副熬给父亲喝。父亲脾气倔，爱着急，大事小事只要不顺心，就会冲母亲发火。母亲也是刚烈的性子，吵吵闹闹就成了家常便饭。但母亲从来不对外人诉苦，她说，同情我的，劝几句，碰到多事人，不定怎么在背后嚼舌头呢。我知道，母亲一是苦于无人诉，更是爱面子，不愿让人家说三道四，用她的话说，是"胳膊折了在袖子里"。为了这句话，她背地里不知流了多少眼泪，不知忍了多少委屈，我这做女儿的也是略知一点。后来我慢慢大了，母亲才只言片语地提起过她和父亲这一生的情感纠缠。母亲说，为了你们3个，不论多苦我都能忍，不论多难我都能过。

我10岁那年，母亲单位给住房困难的职工发放地皮，由职工自己盖房。那时，家里总共只有两三千元钱，而盖一所房子至少也要七八千。腼腆内向的父亲是不肯出去借钱的，母亲走东串西，终于借来了足够的钱，准备盖房。谁知刚刚打好地基，父亲因没有听从母亲的劝告，执意要去干重活，本来身体就不好的他没几天就病倒了。母亲头上还带着碎砖屑就去了医院，整整三天三夜未合眼，因站立的时间过长，整个脚面肿得像馒头一样。等父亲有所好转，能够下床活动了，母亲才又回到家里，家里还有二三十人等着盖房呢，凡事都要母亲拿主意。作为一个女人，母亲，难为你了！房子盖好了，父亲的病也好了，我们老家的人都夸母亲是一个能干的女人，可母亲却淡淡地笑笑，说："没办法，逼的。"

母亲一辈子朴素，连年轻时都没有穿过几件像样的、鲜亮一点的衣裳。老了，更是如此。我结婚后，"逼着"母亲订做了一件毛衣，是大红颜色，母亲生前穿过几次，邻居们都说母亲穿上它，显得年轻了。现在，我每每看到那件毛衣，就止不住泪如泉涌，我久久地捧着它，一遍一遍嗅着她的味道，那是母亲的味道啊。

得知母亲生病，还是源于我的那场病。2005年夏天，我突然腹痛难忍，到县医院住了几天，还是止不住痛。母亲焦急万分，将我转到了德州的一所医院，那儿有我一位远房舅舅。几天后，我病情有所好转，母亲领着我到舅舅家致谢。闲聊时，母亲不经意地说最近有些不舒服，医生出身的舅舅当时就有些着急了，非让母亲作全面检查。母亲好像有预感一样，认定

一定会是好不了的病。化验结果出来了，是癌症。

从那天起，天塌了。

后来的日子，是在四处求医、泪眼纷飞中度过的。在济南医院做了几十次的放疗，终于有了转机。肿瘤在缩小，母亲的胃口也慢慢好了起来。到出院时，体重已增至原来没病的时候了。一家人喜极而泣。在接下来一年的日子里，也许是母亲一生中最快乐、最满足的日子了。父亲的坏脾气、坏毛病统统没有了，他每天变着花样地给母亲做饭，每天领着母亲去散步，虽然有时也吵嘴，但一会儿也就过去了。儿女们也争着陪母亲说话，争着给母亲买些她喜欢的东西。母亲喜吃甜食，可父亲怕她血糖升高，不给买。嫂子和我就偷偷的买来藏在父亲不知道的地方，看着母亲那津津有味贪吃的样子，我们乐不可支。现在想来，心痛不已。

然而，一家人难得的快乐没有引起病魔的同情，它依然一副狰狞的面孔。2006年夏天，母亲的病情有些加重。我们求母亲去住院作化疗，可母亲心痛钱，心疼孩子们，怕孩子们为她治病而花光积蓄。大哥经济条件稍好，可侄子马上要去外县读书，要花费不少钱；二哥刚刚买了楼房，还有几万元的贷款；我更是不行。母亲一直叨念这些，可禁不住我们的哭求，终于答应了。在医院，我们用了最好的、反映最轻的药物，医生说，如果效果不明显的话，就不用考虑再用什么药了。我们乞求上苍，看在我们无比虔诚的份上，再给母亲一次好转的机会。可到了夏天，病情再度恶化。比上次的原发病症更为严重。母亲一点东西也咽不下，一连输了半月的液体，可仍不见好。这时，母亲去心已决，对任何人的劝告都不予理睬。可看到我们眼泪汪汪的样子，母亲终于答应在胃部插上一个管子，往里打饭。看着手术后的母亲，全身插满了各种管子，一动不动地躺在那里，我的眼泪早已止不住，可是不能让母亲看到。拆线之后，再去检查，看到那冷酷的结论单，我已顾不得当时是在许多人的大厅里，捂着嘴，哭出了声。

无奈，我们回家了。

这一次，我们再也看不到希望，看不到光明，看不到母亲健健康康地站在地上了。她一天比一天虚弱，渐渐地不能走路了，渐渐地不能下床了，而疼痛也越来越折磨着母亲。我们就这么眼睁睁地看着母亲受苦，却无计可施。现在想来，我们求她做的那个胃部手术，实在是一种自私的做法，给母亲增添了许多不必要的痛苦。

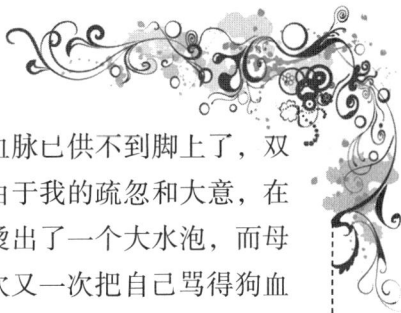

有一件最让我悔恨的事。母亲最后的几天，血脉已供不到脚上了，双脚冰凉。我拿了一个热水袋给母亲暖脚。可是，由于我的疏忽和大意，在为母亲小解时，竟发现热水袋已把母亲的一只脚烫出了一个大水泡，而母亲却毫不察觉。我恨得连连捶着自己的脑袋，一次又一次把自己骂得狗血喷头。直到现在，仍对这件事耿耿于怀，也许这辈子都难以释怀了。真是愧对母亲啊！

母亲临走时，还不放心我，反反复复地叮嘱哥哥们，一定"不要把小丽撂地下"，那一天，我们一家人实在忍不住了，拥住母亲号啕大哭。

如今，母亲离开我们已有一年之多了。到现在，我才能平静下来写这些话，以前只要想想母亲，就泪水涟涟，不能自己。母亲啊，女儿一定听您的话，照顾好父亲，看护好孩子，料理好家庭，您在九泉之下就放心吧。我受您的影响，也同您一样的迷信，我相信，您善良、正直、热心，好心一定会有好报，上天一定不会亏待您的，是吗？

母亲啊，托个梦给您的女儿吧，来看看女儿吧，小丽想您啊！

母爱就像是一盏灯，为了家庭，为了孩子，榨干了自己身上最后的一滴能量，悄然远去。

🌱 心灵感悟

母爱如灯，为我照亮一个个寒冷的冬夜；母爱如灯，为我这个曾经陌生的人导向新的航程；母爱如灯，为我提供了一生受用不尽的辉泽。

劝天下所有的子女，在父母的有生之年，多陪陪他们，不要留下"子欲养而亲不待"的遗憾。

世界

即使在梦里，年轻的母亲也知道要过年了。

即使在梦里，年轻的母亲也知道她应该往旅行袋里装什么了——都是些过年的东西，她将要与她的婴儿同行，去乡下的娘家团聚。

就这样，母亲怀抱着婴儿乘了一辆长途汽车，在她座位上方的行李架上，摆着她们母子鼓绷绷的行囊。

就这样，长途汽车载着母亲和婴儿一路飞驰，不想停歇似地飞驰。

许久许久，城市已被远远地抛在了后边，而乡村却还远远地不曾出现。铅色的天空锅似地闷住了大地和大地上这辆长途汽车，这长久的灰暗和憋闷终于使母亲心中轰地炸开一股惊惧。她想呼喊，但随即母亲便觉出一阵山崩地裂般的摇撼。她的眼前一片漆黑，她的头颅猛然撞在车窗玻璃上，玻璃无声地粉碎了，母亲和婴儿被抛出了车外。

母亲在无边的黑暗里叫喊。当一道闪电凌空划过，母亲才看见脚下的大地正默默地开裂。这是一种令人绝望的开裂，转瞬之间大地已经吞没了不远处的长途汽车和那满车的旅客。这便是世界的末日吧？母亲低下头，麻木地对她的婴儿说。借着闪电，她看见婴儿对她微笑着。

只有婴儿能够在这样的时刻微笑吧？只有这样的婴儿的微笑能够使母亲生出超常的勇气。她开始奋力移动她的双脚，她也不再喊叫。婴儿的微笑恢复了她的理智，她知道她必须以沉默来一分一寸地节约她所剩余的全部力气。她终于奇迹般地从大地的裂缝中攀登上来，她重新爬上了大地。天空渐渐亮了，母亲的双脚已是鲜血淋淋，她并不觉得疼痛，因为怀中的婴儿对她微笑着。

年轻的母亲怀抱着她的婴儿在破碎的大地上奔跑，旷野没有人烟，大地仍在微微地震颤。天空忽阴忽晴，忽明忽暗，这世界仿佛已不再拥有时间，母亲腕上的手表只剩下一张空白的表盘。母亲抬眼四望，苍穹之下她已一无所有。她把头埋在婴儿身上，开始无声地号啕。

婴儿依旧在母亲的怀中对着母亲微笑。

婴儿那持久的微笑令号啕的母亲倍觉诧异，这时她还感觉到他的一只小手正紧紧地无限信任地拽住她的衣襟，就好比正牢牢地抓住了整个世界。

婴儿的确抓住了整个世界，这世界便是他的母亲。婴儿的确可以对着母亲微笑，在他眼中，他的世界始终温暖、完好。

当婴儿的小手和婴儿的微笑再一次征服了号啕的母亲，再一次收拾起她那已然崩溃的精神。她初次明白有她存在世界怎么会消亡？她就是世界，她初次明白她并非一无所有，她有活生生的呼吸，她有无比坚强的双臂，她还有热的眼泪和甜的乳汁。她必须让这个世界完整地存活下去，她必须把世界的美好和蓬勃献给她的婴儿。

母亲怀抱着婴儿在疯狂的天地之间跋涉，任寒风刺骨，任风沙弥漫，

她坦然地解开衣襟，让婴儿把她吸吮。

母亲怀抱着婴儿重新上路了。冰雪顷刻间融入土地，没有水，也不再有食物。母亲的乳房渐渐地瘪下去，她开始撕扯身上破碎的棉袄，她开始咀嚼袄中的棉絮。乳汁点点滴滴又涌了出来，婴儿在母亲的怀中对她微笑。

年轻的母亲从睡梦中醒来，娇她爱她的丈夫为她端来一杯热腾腾的牛奶。母亲接过牛奶跃下床去问候她的婴儿，婴儿躺在淡蓝色的摇篮里对着母亲微笑，地板上，就放着她们那只鼓绷绷的行囊。

母亲转过头来对丈夫说，知道世界在哪儿么？

丈夫茫然地看着她。

世界就在这儿。母亲指着摇篮里微笑的婴儿。

母亲又问丈夫，知道谁是世界么？

丈夫更加茫然。

母亲走到洒满阳光的窗前，对着窗外晶莹的新雪说，世界就是我。

丈夫笑了，笑母亲为什么醒了还要找梦话说。

年轻的母亲并不言语，内心充满深深的感激。因为她忽然发现，梦境本来就是现实之一种呵，没有这场噩梦，她和她的婴儿又怎能拥有一夜悲壮坚韧的征程？没有这场噩梦，她和她的婴儿又怎能有力量把世界紧紧地拥在彼此的怀中？

岁月无痕，母爱无声。

心灵感悟

母亲是纯洁的，是无私的，母爱是什么？母爱是撒哈拉沙漠中，母骆驼为使即将渴死的小骆驼喝到水纵身跳进深潭的壮举；母爱是油锅滚沸中，母鳝鱼为保护腹内的鱼卵始终弓起中间身子的优美姿态；母爱也是在生死徘徊的边缘，因为孩子微笑不顾一切求生的勇气。母爱滋润着我们的心灵，即使世界上的爱都已不复存在，母爱也是永存的，因为它是人间最无私、最真诚、最伟大的同义词。

年轻母亲的梦，向读者诠释自己的人生感悟，只要有爱，有自信，有责任心，就会有一股神奇的力量，让你拥有一个完整的世界。

被撑起的天空

在土耳其旅游途中，巴士行经1999年大地震的地方，导游讲述了一个感人而且令人悲伤的故事，故事发生在地震后的第二天……

地震后，许多房子都倒塌了，各国来的救援人员不断搜寻着生还者。

两天后，他们在废墟中看到一个令人难以置信的画面——一位母亲，用手撑地，背上顶着不知有多重的石块。一看到救援人员，她便拼命哭喊："快点救我的女儿，我已经撑了两天，我快撑不下去了……"

她7岁的小女儿，就躺在她用手撑起的安全空间里。

救援人员大吃一惊，他们卖力地搬移周围的石块，希望尽快解救这对母女。但是石块那么多，那么重，他们始终无法快速到达她们身边。

媒体记者到这儿拍下画面，救援人员一边哭、一边挖，辛苦的母亲则苦撑着、等待着……

看着电视上的画面和报纸上的图片，土耳其人都心酸得掉下泪来。

更多的人纷纷放下手边的工作投入到救援行动中去。

救援行动从白天进行到深夜，终于，一名高大的救援人员够着了小女孩，将她拉了出来，但是……她已气绝多时。

母亲急切地问："我的女儿还活着吗？"

以为女儿还活着，是她苦撑两天唯一的理由和希望。

这名救援人员终于受不了了，他放声大哭："对，她还活着，我们现在要把她送到医院急救，然后也要把你送过去！"

他知道，如果母亲听到女儿已死去，必定失去求生的意志，松手让土石压死自己，所以骗了她。

母亲疲惫地笑了，随后，她也被救出送到医院，她的双手一度僵直无法弯曲。

第二天，土耳其很多报纸上都有一幅她用手撑地的照片，标题是：《这就是母爱》。

导游说："我是个不轻易动感情的人，但是看到这篇报道，我哭了。以后每次带团经过这儿，我都会讲这个故事。"

其实不止他哭了，在车上的我们，也都哭了……

心灵感悟

有人说，女人是弱者，但是，母亲则是强者。在面临危难时，所有的母亲都会本能发挥出无限大的力气为自己的儿女撑起一片天空。母爱的伟大毋庸置疑，母爱的真诚天地可鉴。正如印度有句名言说道："世界上一切其他都是假的，空的，唯有母爱是真的，永恒的，不灭的。"

鲜血染红的母爱

罗莎琳是一位13岁的少女，由于幼年丧父，家境贫困，常受到许多人的歧视和欺侮。她性格孤僻，胆小羞怯。看到女儿性格日益封闭，母亲索菲娅心里很难受，总想做些什么让女儿快乐起来。

2002年2月下旬的一天，索菲娅放假，便带女儿去阿尔卑斯山滑雪。滑雪俱乐部的老板佐勒先生看见她们母女俩都穿着银灰色的羽绒服，担心万一发生事故，救援人员难以发现她们的身影，就劝她们换服装，但由于换服装要交纳一笔费用，索菲娅谢绝了佐勒先生的好意。

滑雪者只能在固定的地段活动，不能擅自偏离路线，否则容易迷路或遭遇雪崩、棕熊等意外危险。母女俩滑雪技巧并不好，但她们依然很快乐地在雪地里滑行、打滚、唱歌。不知不觉偏离了安全雪道，当她们准备返回时才惊恐地发现，她们迷路了！

索菲娅开始心慌起来，她和罗莎琳大声呼喊救助，却不知较大的声响，能引起可怕的雪崩。突然，罗莎林感觉雪地轻微地颤抖，同时一种如汽车引擎轰鸣的声音从雪坡某个地方越来越响地传来，索菲娅马上冲女儿大叫：糟糕！我们碰上了该死的雪崩！几分钟后，狂暴的雪崩将躲在岩石后的母女俩盖住了。

罗莎琳不知道自己昏迷了多久，等她醒过来时，发现自己的眼前一片漆黑，她正要张嘴叫喊，大团的雪粒就挤进了她的口中，把她呛得剧烈地咳嗽起来。

因为担心雪水融化进肺部而导致呼吸衰竭，罗莎琳不敢张嘴叫喊，她

只是拼命地用手指刨开自己身体四周的雪，以使自己有更多的活动空间。

随着空间的拓展，罗莎琳感觉呼吸顺畅了一些。接着，她开始呼喊母亲，但从口腔里发出的声音显得极其嘶哑和难听，然而，她还是听到了回音。原来，索菲娅就躺在离女儿不到一英尺远的地方。罗莎琳奋力向右挪动身体，然后艰难地伸出右手朝声音传来的方向刨雪，终于，她握到了另一只冰冷的手！虽然母女俩都看不清彼此的脸和身体，但能够紧紧地依偎在一起感受到对方温热的呼吸，已使罗莎琳的心踏实了许多。

因为索菲娅和罗莎琳的身体并不能自如地活动，所以她们刨雪的进度很缓慢，罗莎琳的十个指头都僵硬麻木了，她还是没有看见一丝亮光，仿佛她们正呆在黑暗地狱的最底层。就在罗莎琳快绝望时，她的左手突然触到了一个鸡蛋粗的坚硬东西，凭感觉，她想那应该是一棵长在雪地的小树。

罗莎琳把自己的发现告诉了母亲，索菲娅惊喜不已，她要女儿用力摇晃树干，如果树干能够摇动，那就说明大雪压得不是太深。罗莎琳照做了，树干能够摇动。

索菲娅又叫她握住树干使劲往上挺直身体，但罗莎琳这样做似乎很困难，已经严重不足的氧气使她稍微一用力就气喘不已、头疼欲裂。然而，罗莎琳知道这也许是她和母亲脱险的唯一途径了，如果再耽搁下去，她们不因缺氧而死，也会冻僵。她使出浑身力气一次次地尝试，终于随着一大片雪"哗啦啦"地掉下来，她看到了亮光。尽管是黑夜，但雪光仍然比较刺眼。罗莎琳艰难地站直身体后，赶紧将母亲从雪堆里刨出来，然后母女俩筋疲力尽地坐在雪地上大口大口地喘着粗气。

由于滑雪杆早就不知扔到哪儿去了，留着雪橇只会增加行走的困难，索菲娅和罗莎琳松开绑带，将套在脚上的雪橇扔掉了。休息了一会儿后，她们决定徒步寻找回滑雪场俱乐部的路。但是，母女俩绝没有想到的是，因为缺乏野外生存技巧，她们辨识不了方向，她们这一走就是三十几个小时！白天，索菲娅发现一架直升机在山顶上空飞过，她立即和罗莎琳欣喜若狂地朝飞机挥手、叫喊，然而，由于她们穿的是和雪色差不多的银灰色的衣服，再加上直升机驾驶员担心飞得过低，螺旋桨的气流会引起新的雪崩，所以飞机飞得较高，救援人员没有发现索菲娅和罗莎琳。

又一个寒冷的黑夜降临了。母女俩跌跌撞撞地在深可没膝的雪堆里艰难跋涉着，饥饿和寒冷的痛苦紧紧纠缠着她们。起初，她们还能够说话，

但渐渐地，她们每说一句话就呼吸急促、心跳加快，为了保持体力，她们大部分时间只好沉默。困了，她们就相互依偎着在岩石旁打个盹，她们不敢睡着，害怕一睡熟就再也醒不过来。

等再一次迎来白天的时候，母女俩又开始了艰难地跋涉。走着走着，体力不支的索菲娅一个趔趄栽倒在地上，脑袋碰着了一块埋在雪地里的石头，鲜血立即涌了出来，染红了身前的一小片雪。索菲娅抓起一把雪抹在受伤的额头上，然后在罗莎琳的搀扶下站起来。突然，她的目光似乎被脚下那一小片被鲜血染红的白雪吸引住了，她怔怔地看着，若有所思。

在极度的疲劳和饥饿中，罗莎琳伏在母亲的腿上进入了梦乡。

罗莎琳醒来的时候发现自己躺在医院里。医生沉痛地告诉罗莎琳，真正救她的其实是她的母亲！索菲娅自己用岩石碎片割断了自己的动脉，然后在血迹中爬了十几米的距离，目的是想让救援直升机在空中能够发现他们的位置，而救援人员正是因为看见了雪地上那道鲜红的长长的血迹才意识到下面有人……

医生的话还没有说完，罗莎琳就痛哭起来。她一直以为做清洁工的母亲是极其卑微的，甚至曾以母亲的卑微为羞耻，但是在这一瞬间，她发现母亲原来是如此伟大！在这次雪崩灾难中，在迟迟得不到救援的生死关头，母亲以一种感天泣地的行为，用自己动脉里流淌的鲜血为女儿指引了生命的方向！罗莎琳终于心痛地明白，自己原来一直都拥有着一份人世间最珍贵的财富，那就是比血更浓的母爱！

心灵感悟

　　母爱是世界上最无私的感情，为了子女的幸福和安全，母亲有时甚至不惜牺牲自己的生命。正像文中所记载的那个真实的故事一样，母亲为了给女儿寻找获救的希望，用自己的鲜血染红了大片的雪地，指引着救生员。这是怎样的一种爱！她用自己的生命谱写了一曲母爱的千古绝唱！

布鞋中的温情

入冬以来难得明媚的一个星期天，阳光、天空都格外美丽。严冬似乎

揭开了她久而厚重的冷酷面纱，恩赐地把笑容洒向人间。南方的几位老乡提议去爬山，重温儿时身心畅游于碧松青杉间的坦荡与惬意。于是，我又拿出了那双身负千层底、凝聚千颗泪的母亲的布鞋。

朴素、耐用的布鞋，淳朴、忠厚的母亲……

我出生在南方一座偏僻的小山村里，家里世世代代都是农民，虽然贫穷，倒也和睦。哥哥在小学三年级就辍学了，跟着一位老师傅学木雕。我在班上的学习成绩一直很好，是父母和老师的骄傲。

在同学中间，我一直很有优越感，不但因为有较好的成绩，最主要的是我有比他们都"漂亮"的衣着。虽然大家同为贫穷子弟，同穿哥哥、姐姐剩下的旧衣裳，但我的衣服总是看起来比别人的新，比别人的好看。因为我有一个值得骄傲的、心灵手巧的母亲。母亲总是用家里唯一的"奢侈品"——老式缝纫机，把家里的旧衣服改了又改，做成适合我的样式。每当我穿上这些"新衣服"，总会在同龄人中引起轰动。母亲最拿手的活就是做布鞋了。看似单调、呆板的布鞋，在母亲的手里总会变成一双双颜色各异、样式不一、靓丽的花鞋。每当伙伴们那羡慕、渴求的目光从我的脚上移向我的眼睛时，我总是有一种无法言状的成就感。这种成就感来源于我的母亲，我为自己拥有如此聪明而贤惠的母亲感到无比自豪。

穿着母亲的成就——布鞋，我一直风光了14年，直到初中毕业。

初中毕业后，我考上了县城的一所重点高中。由于害怕自己将来考不上大学，白白浪费学费，就放弃了上高中的念头。当时正逢一所民办旅游学院招收预科班学员，周游全国是我的梦想，而且我一直自认为自己的语言表达能力和遇事应变能力比较适合当导游，就不顾每年6000多元的高额学费选择了这个热门专业。父母一直很尊重我的个人选择，只是为近乎天文数字的学费发愁。

第一年，我在县城上预科班。母亲亲手为我缝制了几双新布鞋，以使我在同学面前体面些。开学第一天，我穿着新鞋，洋洋得意地走在新生面前，竟天真地盼望着羡慕、渴求的目光。但随之入耳的讽刺、歧视的话语，大大刺痛了我幼稚的心。

"怎么这年头还有人穿这种鞋？"

"肯定是从农村来的乡巴佬！脏死了！"

我这才意识到，原来他们都不穿布鞋，穿在他们脚上的是锃亮亮、象

征富有和时髦的"皮鞋"，我们原来是来自两个世界的人。

从此，我处处远离那些属于另一个世界的人，用自卑、封闭去开拓自己的天地。同时，母亲美好的形象在我自尊心的驱使下瞬间荡然无存。我甚至记恨老天为什么不给我一个富有的家庭。

第一次放月假回家，我哭着恳求母亲给我买一双皮鞋。母亲强忍着泪花，微笑着劝我："我们是农民的孩子，我们适合穿布鞋。你看，布鞋多耐穿，爬山、跑步都不怕，而且不伤脚！皮鞋有什么好的，既不牢固，又不舒服。"可在我的一再坚持下，母亲最终还是为我买了我有生以来也是家里的第一双皮鞋。我把它当作我最心爱的宝贝珍惜着，天天都穿在脚上，不许任何人碰一下。我相信，我这辈子都不会再穿布鞋了。

那次开家长会，作为全班8门功课6门最高分获得者，我的母亲受到了重点邀请。但我生怕母亲那破旧的衣裳、丑陋的布鞋会破坏我在班里的形象，就拒绝了她的出席。看到一位位衣着华丽、气质高雅的父母，我庆幸我的母亲没有出现。

一年过去了，我要到两千里外的北方去上大一了。由于第一次坐火车、出去看世界，我显得异常兴奋。可父母却忧心忡忡，因为其他同学都有家长护送到学校，而我家由于经济原因，只好让我独行。

临行前，母亲含泪塞给我一双布鞋："娟儿，是妈不好，妈没条件送你上学，让你受苦了！这双鞋是妈昨晚连夜赶出来的，你穿上吧！"说着，转过身，撩起像母亲额头皱纹般的围裙，企图擦去脸上的忧伤与愧疚。我心里的声音告诉我：不，我决不穿布鞋，不能让同学们笑话我！可看到母亲的眼泪，我还是不情愿地收下了那双布鞋。

坐上村里唯一的一辆拖拉机，家门口那3双陈旧的布鞋离我越来越远。亲人的呼唤夹杂着浓重的马达声，渐渐随风远去。别了！

听说北方的冬天特别冷，因此我把所有的旧衣裳都带上了，还有一大堆的书，足足装了两大袋子。

终于上火车了，家长们提着看似比我的行李轻得多的豪华皮箱，拉着孩子的手先后进了车厢。只有我无助地左右各拽一个大袋子，后面还背着一个大背包，吃力地往车厢里钻。

可是东西实在太多了，好不容易右手的袋子提上去了，可左手的却被卡在了车门外。任凭我如何用力，袋子就是不跟我走，后面的乘客还一个

劲地催我快点上车。

此时，我多么需要别人的帮助啊！可是，好像没有一个人注意到我的存在，同学们这时似乎跟父母有说不完的话、道不完的情。有泪只好往肚子里咽！

我一使劲，想借助全身的力气把那个袋子拽上来。谁知不但没成功，背包的肩带由于受力过重，断了；更糟的是，由于脚下一滑，皮鞋也开胶了。"寸步难行"用在此时最恰当不过了。不争气的眼泪终于如泉水般涌了出来。最后还是好心的列车员帮我安顿好了一切。

火车载着我的梦想、我所有的忧伤和悲哀无情地奔向远方，任凭故土，亲情如何呼唤，永不回头，永不停留。

看着通红且磨满水泡的双手，还有无法再为我服务的"富有"皮鞋，我坚强地向邻座的同学及家长挤出一丝笑容。

这时，我想起了我的母亲，想起了母亲的布鞋，我后悔没有听母亲的话。皮鞋虽然华丽、高贵，但它易破、不实用，就像同学的家长，不是我所需要的，也是不适合我的。布鞋虽然单调、呆板，但它耐用，忠厚，就像我的母亲，是我真正需要和追求的。

母亲那被太阳晒得黝黑的身体，正是布鞋鞋面上的黑布，为我挡风遮雨；母亲那厚厚的茧子，正是布鞋的千层底，为我分担所有的苦难与不幸。我仿佛又看到了母亲在深夜里，就着黯淡的灯光，眯着看尽沧桑眼为我缝制布鞋的情景。慈祥的月光温柔地爱抚着母亲瘦小的身躯，却未能把她那饱含疾苦的银丝梳理成黑发。

于是，我毫不犹豫地脱下了那双不属于我的皮鞋，换上了母亲的成就——我的布鞋。我抬起头，勇敢地迎向同学及家长诧异的目光。摈弃自卑，不懈追求属于我自己的鞋——脚踏实地、朴实无华的人生。

从那以后，无论走到哪里，我都会随身携带一双布鞋。在需要她的时候，我就会自豪地穿上她，同时思念我的布鞋母亲。

心灵感悟

布鞋虽然单调、呆板，但它耐用、忠厚，就如母亲的爱那样，朴实无华，却又博大真诚。有母亲在，爱，就会一直在我们身边！

卖书的妇人

她是一个很普通的女人，确切地说，她是一个来自农村的妇人，平淡，朴素，干净。

她背着一个破旧的尼龙编织袋，推开了我办公室的门。正是早上9点，她的脸红润而有光泽。

"小姐，你好，你买书吗？"我猛抬起头，一看，是个推销的，我便没了心情，说："这里是办公场所，不能推销。你走吧。"现在社会上对这种从事推销的人有一种反感。他们大多穿戴整齐，却常常说着一些违心的话。兴许是我的不耐烦，她的脸红了，有些不好意思地拢了拢头发，并拉了拉衣角，看得出，她不是很老到，没有多少经验。我有点同情她了，因为我见过很多推销的人，大多油嘴滑舌，而且很会拖时间，大有你不买就不走的气势。可她好像不同，好像让人不忍拒绝。

"你看一看好吗？这是几本很值得看的好书。"

我没有作声，眼光却在那几本书上。妇人见我有些犹豫，迅速地把那几本厚厚的书捧到我的面前。看见她那么热情，我有些过意不去了，于是伸手拿了过来。原来是《中国唐诗宋词选》、《中国四大名著》之类的书，我掂了掂书的分量，很轻，又翻了翻，看了书里面的纸张，就觉得像是盗版书。我一看标价，"哇，398元！"我叫出声来。

"不不，如果你要买，我可以很便宜卖给你。"

"是吗？"我不太相信这个妇人的话。因为我觉得这些书都是盗版的，而我最不喜欢这样盗版的书。除了很多的错字以外，还会有很多不清晰的地方，阅读这样的名著会很倒胃口的。

"那你卖给我多少钱？"好奇心驱使着我，我想问问价，反正买不买没关系的。

"如果你全部都要，就拿1张好了。"

"1张，100元吗？"我想，这也真是太便宜了。不管怎样，这价还是要还一还的。

"80元，怎么样？"我开始了讨价还价。

"这……，姑娘，看你真想要，好吧，你拿去吧。"

我想了想，80元就能买到《中国唐诗宋词选》、《中国古典四大名著》，值得，于是就从抽屉拿出100元，递给了妇人。

就在妇人低头去找钱的一刹那，我看见妇人的手在那个装书的编织袋里停留了一下，我有些不解，难道她要玩什么花样吗？

"你，找钱呢！你在干什么？"

"我……我在找钱。"

看见她有些迟疑的样子，我更有些不安了，莫非是在找假钞给我？我看见她的手一直放在一个花布包上，于是就说，那个花布包里是什么，是书吗？妇人不十分情愿，但看在我买了她两套书的情况下，还是拿出来了。这是一块古香古色以深蓝色为基调的印花布。也只有在农村才会见到的这种老式印花布，只见妇人缓缓将包打开，我迫不及待地探身过去，啊，原来是一些考试的试卷与一些奖学金的通知单。

妇人忙说："这是我3个孩子在学校的考试卷。"

"嗯？考试卷？带考试卷干吗？"我半信半疑拿了过来，都是些很老的油印卷子。打开一看，试卷上几乎全是红勾勾，很少有错的，还有几张＊＊大学的奖学金通知单。

"你孩子成绩不错呀，可你带着这些干什么呢？"我不解地问。

"姑娘啊，你不知道呀，我出来卖这些书也是不得已呀。"她重重地叹了口气。我随手搬来了一把椅子，放在她的身边。她坐下了，语调平静而又委婉。"我家在农村，家里3个小孩子要读书，两个在大学，一个读高三。姑娘，你不知道，在农村，一年到头，除了卖点粮，养几头猪，钱难赚哪。去年，孩子他爹在矿上放炮时又被炸死。哎，生活艰难。3个孩子到交学费的时候，我真是愁得整夜整夜睡不着。没办法，我看见别人出去做推销，也能赚点钱。于是，我也开始学着推销了。"

"可你带着这些不觉得累吗？"要知道这么厚的试卷蜷缩在花布包里要占去很大的一块地方。天天背着，走街串巷，那多累呀。

"姑娘，我也不怕你笑话，像我们这样做推销的，很少会有人看得起我们，对我们常常是另眼相看，什么冷嘲热讽都有。有时候，一天也卖不了一本书，我真的不想做这些了，"她深深地叹了口气，眼睛揉进了一些坚定，"可我想到我的孩子，想到3个孩子都有这么优异的成绩，我还能动，就一定要让他们读书。我把这些试卷都带在身上，每当我卖掉一本书时，我会用手去摸摸孩子的试卷，我觉得今天又有了收获，好让孩子放心。看到这些划满红勾勾的卷子，我就不会觉得苦了，更不怕丢人了，有这么好的孩子，再难我也要走下去。"说完，她微笑着，目光沉着而自信。

我看着她，心里一阵阵地难过。妇人的几绺白发在阳光下特别刺眼，她背着大大的包走出了我的办公室，那背包的肩膀微微倾斜，步伐缓慢却又带着几分从容，一份份试卷却成了她走下去的希望！这就是她的生活，无法悲哀，也无法逃避。我在想，她到了下一站时，会有着怎样的一种心情？也许还会遭遇更多的白眼和难堪，这一切的苦难成就了一个伟大的母亲，也许会有人说，她卖的是盗版书，何以谈伟大？我想，也许当一个人无法选择能让自己生活下去的方式时，他可以选择走出去，尽管不是很光明，但感情不是盗版，生活不是游戏。当有一天，我们足以选择一切光明的生活方式来满足自己的时候，别忘了有时心也会有盗版的，它会随时在一个暗色的角落，听你哭泣。

心灵感悟

　　虽然母亲是平凡的，但她用不平凡的生命中的点点滴滴，汇聚成我们生命中奔腾不息的大河。母爱，如同用一粒粒尘土堆积成的山，一座威严挺拔的高山。这座山，我们只能仰望，无法超越。多想让自己变成一座高山，将母亲的重负担起；多想把自己铸成一块钢，为母亲架起一座通向希望的桥梁，好让母亲跨过苦海，走向光明！

感动如水

明天我就要走了。

母亲翻箱倒柜，不知找着什么东西。昏黄的灯光里，荡漾着一圈圈光华，将母亲笼罩在一片柔和的阴影里。

我的眼睛不自觉地随着母亲的脚步而移动。古老的柜子，被岁月剥蚀了它的华美的外衣，而那曾经高大挺拔的橱子，也到了风烛残年，在生命的秋风中噤若寒蝉。我蓦然发现，母亲已经苍老了。

母亲抓住一个皱皱的小包裹，像托着一个刚出世的婴儿，虔诚地注视着他，欣喜之情在脸上一览无余。她颤巍巍地打开那一层一层的包裹，如同揭开她一层层的心。在灯光的照耀下，母亲像一个虔诚的教徒，要把自己最真诚的心献给了上帝。那手，已失去了丰腴与光润的华丽，只有斑斑点点的创伤，印证着岁月的流逝，预示着母亲的衰老。我摇了摇头，心里禁不住叹息，母亲真的老了。

那个纸包终于在千层万剥之后露出了真面目。母亲握紧了它，看了又看，不住地叹气。她转过了身，慢慢地向我走了过来。她的眼睛慈爱而忧郁，她的步伐却是蹒跚而缓慢。她似乎是在沉思着，嘴角现出一丝不易觉察的微笑。她似乎是在唱着歌，在心里放飞了自己的歌声。然而，她的脚步却是越来越坚定了，像是下定决心搏击一切，与命，与人，与自己。她搏击，好像已经是一个快乐的胜利者，因而她更坚定，更自信。

我吃惊地盯着母亲，手里却感觉到那微微有点体温的纸包。母亲示意我打开，我擎着它，小心地打开，却是几张崭新的票子，我什么都明白了。母亲什么话也没有说，只是握了握我的手，转身就往外走。我像泥塑一般一动也不动，盯着母亲的背影，脑中一片空白。蓦地，母亲转过头，"别舍不得花！"刹那间，我的泪水铺天盖地地流了下来，模糊的泪眼中闪现出母亲矮小佝偻的背影在一点点消失……

一句小诗在心中化开：

母亲啊，

我是红莲，你是荷叶，

心中的雨点来了，

除了你，

还有谁是我无遮拦天空下的保护？

那一刻，感动在我周身传遍。

心灵感悟

当叶落归根、落红化作春泥时，当春来雁归、桃红柳绿之时，岁月吮吸着时间的奶一点点长大。我们已经淡漠了一切，将周围的一切用冰冻的心冻结起来。然而，当你不再匆匆于喧嚣的人群，你会发现，在母亲身上处处充满着感动，有时候仅仅是一句话，一个动作。来自母亲的

感动如泉水，甘美而清冽。没有泉水浇灌的土地，注定会寸草不生；没有感动滋润的人，心灵注定会干涸枯竭。感动如水，普通而又伟大，平凡而又高尚。

生命的另一种内涵

当母亲踏着暮色，大老远赶来看我时，我正在养牛场忙着收购青草。一冬的干草料，吃得奶牛们口舌生疮。领导说再不收购些青草回来，怕是我们的牛儿也得抹"宝宝霜"喽。

尽管如此，听说母亲来了，领导还是给了我半天假。

养牛场近旁有座山，传说是张献忠被围剿的最后避难地。张献忠全军覆灭后很长时间，山上还插着许多飘扬的旗帜，当地人便称它为"插旗山"。又说，晴天的时候，从成都西门望出来，也能清晰地看到山的轮廓。

母亲和我的想法不谋而合，我们决定第二天去那山上看看。

从养牛场到山脚约七八里路。我准备借辆车搭母亲前往。母亲说：山里人有车不容易，都有用场。能自己解决的问题，为什么要去麻烦别人？我还走得动，咱娘儿俩就走路去吧。你若怕误了回程，我们明儿早点动身。

母亲是倔强的。她说要走路，我就是借到车，她也不会搭的。听舅舅说母亲19岁考上中专，刚入学，爷爷便被戴上了地主帽子，成了被批判的对象。母亲一直坚持念书，直到学校停了课，才不得不回乡。由于是地主的女儿，隔三差五会被安排去交代爷爷当年压榨农民血汗的"光荣历程"。母亲怎么也不开口。"小将们"用柳条抽她，又将双手双脚绑在水缸上，作"鸭儿凫水"状。血浸红了水缸，母亲一次次晕过去，又被一次次浇醒，她却依然倔强地紧闭着双唇。

桔红色的朝阳从东边升起时，母亲和我已走在山路上了。不时有野鸡受惊飞起，偶尔还有一两只山鹰从头顶掠过。母亲说："没有骑车是对的。这样走着，多好。"母亲边走，边尽情地展开双臂，贪婪地呼吸着清新的空气。

这让我觉得，母亲身体虽已近暮年，心态却仍年轻。

一条弯弯曲曲的羊肠小道引领着我们。母亲一直走在前面，脸不红，

倒是我，要不时停下来喘几口气。到半山腰时，似乎没路了，风也陡然大起来，吹得树枝呜呜地响。

我突然有种怕怕的感觉，看母亲仍颇费周折地寻路前行，便说："咱们回去吧，没有路了。"说着便转身要下山。母亲气恼地吼道："秋，回来！你怎么能说回头就回头？"

其实，我是怕累坏了母亲。毕竟一大把年纪的人了，累着了多不好。母亲似乎也明白了我的忧虑，便温和地说："做事不能没有恒心哦，我们不是到山腰了吗，看不到别人留下的路，就不能走出一条自己的路来？"

我只好继续跟随她登山。母亲在前面，用一根树枝拨开杂草，我在后面用手分开灌木。

我们的脚步越来越慢，但山顶还是越来越近。

看到山顶那棵又高又大的榕树时，山越发陡峭了。一面巨大的石壁直直地横在我们眼前。只在泛着青苔的岩石上，隐约有些刚好能放下手指或者脚趾的小坑。我说："行了吧，路这样难走，咱们还是别上去了。"母亲说："怎么不上啦，不是已经看到山顶的树了吗？走，跟我上去看看。"

说完，就用双手抠住石壁上的小坑，一点点抬脚上移，脚蹬进小坑，定一下身子，然后再换手，抬脚，定身，像爬梯子样，慢慢上升着，那徐徐挪动的身影牵引着我的目光。"你真不想上来吗？"临近山顶时，母亲回过头来，嗔视着我。

我冲她一笑，也学着她的样，手足并用，跟在她身后向山顶爬去。

再一次沐浴着初春的阳光时，我们终于到达了山的最高峰。虽然回望刚才攀援的山崖，仍禁不住阵阵心悸，但山顶的风光也真是迷人。视野开阔，连绵不绝的远山尽收眼底；蓝蓝的天上那悠悠的白云在我们头顶游移着，仿佛一伸手就可以摘下一片。

"秋，这不就上来了么？如果半路退回，能看到现在的风景？"母亲说，神情里透着喜悦和骄傲。一滴滴晶莹的汗水被阳光映照得像珍珠般缀饰着她的脸膛。

山顶风大，吹得母亲的衣袂和头发飘飘扬扬，像旗帜一样。这使她凝神远望的侧影显得格外刚毅、不屈。突然想起插旗山的得名，想起母亲大半生的坎坷经历，心里蓦地涌起一阵颤动，为生命的悲壮和尊严。

回想起登山路上母亲的坚持，这才恍然有所惊悟：原来，母亲是用她的执著和坚强向我诠释着生命的另一种内涵。

心灵感悟

在人生路上，母亲随时随地都充当着我们的老师，她告诉了我们什么是原则；她教会了我们什么是坚强。

母亲啊，愿您能把坚强赋予我，给我勇气，给我力量，激励我像您那般的坚强。

淡淡的深情，无尽的牵挂

母亲赋予了我生命。她只有我一个儿子，不可谓不疼，也不可谓不娇。然而好多年，母亲对我总是淡淡的。起初我不甚了了，后来随着年龄的增长，我才渐渐地对慈母之心有了一些理解。

恢复高考的第二年，我考上了大学，且还是个中文本科。在我那个偏僻的小村子里，这是开天辟地第一个。左邻右舍的道贺声中，一片"啧啧"，"啧啧"里还含着惊诧！嗜酒如命的父亲，天天与乡亲喝到一醉方休。酒后吐真言："没事了，往后这是没事了！"随后便要我去亲朋好友家——拜别，那意思里也带有一点儿炫耀。只有母亲总是淡淡的，不见她多么喜，也不见她多么愁。她戴了老花镜，在暖暖的秋阳里给我缝新被子。我走过去，她听见了我的脚步声，目光从老花镜上方探出来，淡淡地一笑，又继续埋头缝被子。我说："妈，我要上大学去了！"母亲说："我知道了。"没有鼓励，没有过高的期望，连声音也是淡淡的。

上路的那天是个好晴天，母亲提着提包送我出了大门。出大门也就是走了三五步，母亲就把提包递给我，说："你走吧……"而后便是很决断地转身，硬朗朗地走回去，院里葡萄架的叶子遮住了她的身子，我只看见了一个淡淡的背影。

在车站上，见一些同学的父母前来送行，依依惜别，千叮咛万嘱咐，父母和儿女的眼睛里都注着一泡泪。我孤零零的，便觉得很委屈。上了车，我赌气坐在一个角落里，谁也不理，埋头读书。

车开动了，一些同学掏出手绢擦那红肿的眼睛。我反倒觉得赤条条无牵挂，心里轻松，行动潇洒！

大学4年，花开花落，一连串长得令人发腻的日子。读书读烦了，作文作累了，每每对窗呆坐便想起母亲来。小时候，母亲一眼看不见我就满街喊；喊不应，就往水井里看，到池塘边去找。我忽然猴一样从哪个旮旯里钻出来，母亲就笑骂一声，巴掌扬起来要打，但落下来却极轻，拍打掉沾了一身的泥土……温馨的回忆，常使一颗心阵阵发热，泪就在不知不觉中从腮边滑下来。于是便想立刻动身，风雨兼程，扑进母亲的怀抱里。当收拾提包的时候，母亲淡淡的神情渐渐在我眼前幻现得清晰，心也就逐渐凉了，终于叹出一口气……

我结婚以后，偕妻回老家探望父母。正值隆冬，又下了大雪，天短夜长，一家人围炉闲话。说到我当年上大学的事，母亲就说："你上大学以后，我做了一个噩梦，梦见你死了，我一哭哭了个没气……"妻子抿嘴笑，父亲笑得扭过脸去，连母亲也忍不住笑了。

只有我笑不起来，甚感惊讶。联想到我刚到家那天，母亲悄悄问我的那句话："她也舍得炒一顿肉让你吃吗？"一霎时我若醍醐灌顶，恍然大悟。母亲在我去上大学的那些漫长的日子里，她该如何地牵挂和思念她的儿子呀！她知道她的儿子是个心浮气躁的人，这自然又给她添了一份担心。

母亲生在农村，长在农村，出嫁了还在农村。方圆30里路，困住了她的脚步。在我上大学之前，母亲只进过一次县城，还是为了挽救一个家庭，迫不得已才去的，以母亲对外部世界的有限的认识，她不知道她儿子去上学的这个地方究竟有多大，是非多不多。日思夜想，坐卧难宁，思念伴着惊恐默默地郁结在她的心里。于是某一夜，噩梦就扇动着黑色的翅膀朝她飞来了。试想一个连媳妇舍不得让她的儿子吃一顿肉菜都挂念的母亲，这样的母亲，活得该有多累呀！

至于母亲对她的儿子总是淡淡的，以我当时的浮躁心境，事实上也很难体悟到。

旧式的婚姻，虽说是"天作之合"，合的实在很少。父母自然也难例外。这种历史造成的缺憾，作为后人是不能说什么的，因为你别无选择。但是，这一些在我少年的记忆里，确实不那么美好。当我4年寒窗苦读，之后辛勤笔耕，终于在大大小小的报刊上发表了一些幼稚而浅薄的文字时，

母亲说了一件使我灵魂大为震惊的事情。

她仍旧是以淡淡的语气对我说的——"你父亲说：'咱的儿子成才了，往后我再也不跟你生气了，咱好好过日子吧！'你为母亲争气，这也罢了！"我听了这句话，呆愣了大半天，有种跑完马拉松突然瘫倒在地上的感觉。

文学的功能自古很小，不想竟起到了和睦家庭的作用，这令我惊喜，这比得一个什么文学奖更实际，更有意义，也更能长久地激动人心！写到这里，我的眼睛湿润了。

尽管我是个微不足道的人，然而在母亲的眼里是金贵的。她最了解她的儿子，她知道她的儿子有一颗易于动情的心，怕儿子分心，不让我牵挂她，才总是淡淡的。要硬下这样的心肠，忍受这样痛苦的折磨，需要多么坚忍！

这是平静水面下深处的激流啊！

心灵感悟

这世上有一个人，无论你走到哪里，都有她牵挂的目光，你的身影总有她不舍的思念。这个人不会因为你贫穷而远离你；不会因为你长相丑陋而抛弃你；不会因为你有这样那样的缺陷而放弃你；你流泪时先湿的总是她的眼；你开心时展开笑容总是她的脸；你跌倒时疼的总是她的心，这个人就是娘，这个人就是妈……

母爱——是一首写不完的诗

不是每个人都有机会做母亲，但每个人都有一位母亲，都足已感受到一份——伟大……

从古至今描写母爱的文章数不胜数，看过之后每每都会深有同感地流下眼泪。眼泪涩涩的、咸咸的。但是每当遇到感人至深的母爱，我还是控制不住自己。伤心的泪、感动的泪，我流下的是感动的热泪。

母爱，是一个沉重的话题，沉重得让我不敢轻易下笔。我的母亲是一个传统的中国女人，一个普普通通的中国传统意义上的好母亲，在许许多多的文章中的母亲的形象也都可以在她的身上找到一些影子。天下的母亲

都是相同的，母爱都是共通的。

第一次在电视中看《我的丑娘》那天的晚上，我一夜无眠。进城打工的王大春长得英俊潇洒，父亲英年早逝，母亲守寡一生，将其拉扯长大。王大春长得像父亲，而母亲则很丑，所以王大春从小就很怕别人知道他有一个丑娘。王大春打工时与同在一个酒店打工的漂亮城里姑娘赵小旭相识后，由于父母已双亡的赵小旭特别注重男友及其家人的相貌，再加上王大春对赵小旭特别细心的呵护，两个人相恋了，深爱赵小旭的王大春因为虚荣心和因为有个丑娘而几次被女友抛弃的经历，使他向赵小旭隐瞒了自己的家有丑娘的事实，说自己也是父母双亡。演员的表演很到位，故事也很感人，但是真正感动我的是故事中的丑娘。我不知道"丑娘"是不是生活中真实存在的人，她实在是太伟大了。如果不是存在着的，那么作者何以刻画得如此传神，仿佛她确实曾存在于这个世界。如果不是，那么我就该佩服作者的功力，他把"丑娘"写活了。

"丑娘"为帮助儿子撑起一个家，隐名瞒姓到儿子家当保姆照看孩子，不知底细的儿媳妇赵小旭处处对其设防使其饱受误解和羞辱，但为了儿子的面子，一直不许儿子说出实情。在儿子被判入狱的情况下，"丑娘"坚强地帮助儿媳度过了难关。就在儿子已经出狱时，积劳成疾的"丑娘"突然摔倒地，临终前为了儿子面子，仍然不许儿子说出实情，儿子再也无法忍受，鼓起勇气向赵小旭说出了"丑娘"就是亲婆婆事实。赵小旭惊愕不已，给了王大春一记耳光。然后扑向"丑娘"，哭着说"丑娘"是天底下最漂亮母亲，然而"丑娘"却什么也没听到……

"丑娘"实在是太丑了，但是"丑娘"的爱却是最伟大的。"丑娘"最后是永远地离开了自己的儿子，在看到了自己的儿子的幸福美好婚姻之后不久，"丑娘"是幸福地离开的，尽管她生前受尽了折磨和冷遇。

母亲，到底是为谁活着？为了自己么，但是为什么却又是这么地无私；为子女么，为什么却又这么"忍心"。孩子们长大了，母亲总是会选择默默离开子女的世界，她们不图太多的回报，只要子女时常回来看看白发苍苍的自己而已。子女们希望母亲好好地过自己的生活，而母亲心里却永远只有孩子，她们宁愿在生活上、心灵上折磨自己。母爱，有时候很难懂。

母亲，总是宁愿自己多吃点苦，也要让自己的孩子过得好一点。孩子的幸福就是母亲自己认为最大的幸福。想想母亲，她为我做了那么多，还

常常伤她的心，但是她还是那么无私地付出着。

有句话说：养儿为了防老，是真的吗？我想这句话一定出自一位伟大母亲之口，她为了给自己的爱寻找一个合理的借口。看看现在为人父母的，她们对于子女的要求是多么的简单。"不要你多往家里寄钱，常回家看看就行了"。母亲们一直都在自力更生着啊，她们不希望自己成为一种累赘。看来母亲们最关心的永远都是子女们的幸福，而永远地把自己置于后者。

孩子的生日也是母亲的"难日"，但是每逢孩子生日的时候有多少人会去感谢母亲，更多的是为自己庆祝。许许多多的母亲似乎从来就没有这种"难日"的概念，在她们看来这是一个值得骄傲的日子，在这个日子里他们更多的是沉浸在为孩子为自己的欢呼中。也许母亲天生的使命就是制造一个可以接受自己爱的受体，她们认为孩子是上天的一种赏赐。

我实在是写不下去了，感动中只能够说简简单单的一句：母爱——是一首写不完的诗。

心灵感悟

有关母爱的赞语太多了，然而世界上最朴实最动人的称赞，却是这句淡淡的话语——一首写不完的诗。这首诗，让我们一代代、一辈辈吟咏不息。

脚板下深厚的母爱

晚上给远在老家的母亲通电话，刚说了几句，母亲忽然叹道："妈妈真的是老了，眼睛也越来越不好使了，本来想再给你们做几副鞋垫，可惜力不从心啦……"听到这儿，我鼻子一酸，既为岁月的无情而感叹，更为母亲对儿女的牵挂而感动。随着奔涌的思绪，我想起了母亲为我做鞋垫的许多往事，再一次感受着垫在脚板下的那份绵长淳厚的母爱。

记得年幼的时候，兄妹们穿鞋子是不垫鞋垫的。因为家里穷，一家人的鞋子全靠母亲做，加上地里的农活又多，母亲一天到晚忙得脚不着地，能够保证我们有鞋穿就不错了，哪里还有时间和精力做鞋垫呢？我穿上母

亲亲手做的鞋垫，是在上中学以后。学校离家有十来里路，每天一个来回就是20多里，虽然算不上很远，但对于从未走过远路的我来说，每天快速步行20多里也够吃力的了。几天下来，脚板就打起了血泡。母亲知道后心疼得不行，说道："今晚抽空给你做一副厚实的鞋垫吧。"

那阵子老天一直没下雨，地里干得直冒烟，吃过晚饭母亲便与父亲下地抗旱了，一直干到我们做完作业准备睡觉才回来。原以为夜已很深、劳累了一天的母亲不会做鞋垫了。谁知，母亲擦了擦身上的汗水，便在小油灯下忙活开了。她搬过放置针线布头的小竹篮，拿出原来准备做鞋底的衬里，按照我的脚样剪了两块，接着用一些碎布头衬在上面，以增加鞋垫的厚实感，正面再用整块的布蒙上，然后一针一线地缝制起来。

我在母亲的催促下躺到床上，双眼不住地望着在油灯下飞针走线的慈母。她那全神贯注的样子，不禁使我想起了平日里母亲关爱的点点滴滴，心里充满了无比的温暖和感激。想着想着，我就模模糊糊地睡着了，朦胧中，感觉到母亲那盏小油灯还在久久地亮着……

第二天一早起床时，发现母亲已将做好的鞋垫垫在我的鞋子里了。我取出来一看，只见鞋垫上满是密密麻麻的针脚；再掂一下，感觉挺厚、挺沉的；更夺目的是，两只鞋垫上还分别绣了四个字，一只为"好好学习"，另一只为"天天向上"。母亲没有多少文化，名言警句所知甚少，但对这八个字却是耳熟能详的，因此拿来绣在了鞋垫上，意在希望我走好来之不易的求学之路。手里捧着这副鞋垫，我不由得心潮起伏，感慨万千：母亲为了这副鞋垫，为了让我读好书，花费了多少的工夫和心思啊！

这时，我听到母亲从外面进屋的脚步声，连忙将鞋垫重新垫好。刚穿上鞋子，母亲便走了过来，弯下腰在我脚上左摸摸右捏捏，并且一再地问我是不是合脚，有没有不舒服的感觉？我赶紧作了肯定的回答，母亲这才满意地笑了，轻轻地抚摸着我的头说："这下好多了，以后上学走远路就不容易打泡啦。"

在以后的日子里，我的脚板下一直垫着母亲做的鞋垫。厚实、舒适的鞋垫，伴随着我一步一个脚印地走在读书求知的道路上；母亲在鞋垫上绣的8个字，始终激励着我勤奋努力，刻苦学习，从而以较好的成绩走完了难忘的中学之路。

随着入伍通知书的到达，我穿上了国防绿。本来以为，从此母亲可以

不再为我做鞋垫了，谁知，临行前的那几天晚上，母亲却不停地为我做起鞋垫来。暗淡的煤油灯光下，母亲不知疲倦地做呀做呀，做了一副又一副，仍然没有停止的意思。我劝她："部队发的鞋子穿起来舒服，您不用做这么多鞋垫了。"母亲抬头笑了笑："你没听说部队要到野外训练，还要长途行军吗？不多做一些鞋垫哪成啊。"说完，又埋头忙碌起来。

入伍后的好多年里，母亲一如既往地给我做鞋垫，而且越做越精细。鞋垫上绣的图案和内容也经常变化，有的绣着红色的五角星，有的绣着绿色的长城，还有的绣着"精忠报国"、"为家争光"、"当兵就要当好兵"等字样，既是鼓励我安心服役，报效祖国，也是希望我在部队好好干，有出息。这样的鞋垫垫在脚板下，使我有机会经常感受母亲的关爱，也使我时刻牢记母亲的殷切期望。

后来，母亲的年纪大了，身子骨儿也没有以前硬朗了，可她仍然乐此不疲地为我们做鞋垫。我多次劝她："现在各种各样的鞋垫多的是，买一副够垫一阵子的，您就别再劳神啦。"母亲听了，总是坚持道："你就知道买，买的哪有我做的合脚啊。"

如今，年迈的母亲虽然不再做鞋垫了，然而，垫在脚板下深厚的母爱却是不可磨灭的，那饱含母爱的鞋垫，也将永远地珍藏在我的心中。

心灵感悟

母爱总是细腻而温暖的，就像我们脚下的鞋垫，虽然小却寄托着一份深深的情谊。

每个人的成长都离不开母爱的支撑，是母爱成就了伟人的惊人之举，赋予了艺术家奇妙的灵感，启迪了科学家敏锐的智慧，也丰富了我们每个人内心的情感。母爱就像满天的繁星，星星点点，映照着我们每个人的心田。

母爱如伞

在我与妻的精打细算和亲戚朋友的资助下，我们终于鼓足勇气向银行申请了4万元住房贷款，购得一套商品房。搬家那天，已有7个月身孕的妻兴奋得像个孩子，"我们终于有了属于自己的家！"

眼看距妻分娩的日子越来越近，我们将住在乡下的母亲接来同住。谁知，日子并非如我所想。首先，我们所在单位濒临破产，我下岗了；接着，妻在坐月子期间营养不良，患了头痛病；更让我们难以预料的是债主竟提早登门要款……我一下子坠入了债务的深渊，几乎一夜愁白了头。

下岗后，我白天忙于应聘，晚上背着家人踏三轮车送客，沉重的债务压得我快要窒息。但看到可爱的儿子，瘦弱的妻子，还有苍老的母亲，我不断提醒自己：一定要顶住啊！

一个飘着小雨的夜晚，我骑着三轮车送客回来，蓦然发现昏暗的路灯下，一个年迈的老人弓着腰在垃圾池旁翻拣着，那瘦弱的身躯，极像母亲。我的心莫名地狂跳起来，于是停下车，慢慢向她走近。她可能是发现了我，急忙背起地上硕大的蛇皮口袋蹒跚地向前奔去，慌里慌张，像一个被追赶的贼。不料脚下一滑，重重地跌倒在地，蛇皮口袋里散落出一地的易拉罐、酸奶瓶、废报纸……我向前紧赶几步，瞬间，四目相对，天啊，真是我的母亲！好半天我才哽咽出一句："您，您怎么在这儿？"母亲像犯了错的孩子，局促不安，嘴唇翕动了好久，却未吐出一个字，而我早已是泪流满面……

我将母亲扶上三轮车，半跪在地上轻轻地拾起散落的废品，每拾一样都似万箭穿心。我哽噎着问道："妈，您怎么能出来捡垃圾呢？""妈看你背负那么多的债务，吃不好，睡不香，心疼啊。我想晚上出来捡点废品，多少卖点钱也能帮帮你。你放心，我白天在家带宝宝，晚上才出来，不会让熟人看到……"这就是母亲，为了我可以付出一切，却还不忘顾及我那点可怜的自尊。我禁不住失声痛哭，困难的处境、沉重的债务没有将我压垮，而母亲的话却让我再也无法忍受。

然而，我感到一股强大的暖流涌遍全身，凄风苦雨算得了什么，母爱如伞，会永远支撑在我生命的上空。

心灵感悟

母爱有无数种表达方式，或简简单单的一句话，或一个微笑，一个点头……在这些细节中，或深或浅，或重或轻都有爱的滋味。只要回味和咀嚼，就能感受到这种爱的味道。

穿过针眼的母爱

那天，我一篇6000字的文章减成了4000字，编辑还嫌长，让再压缩。心里不爽，我坐在电脑前生闷气。

母亲走进来，手里捏着一根亮亮的针，说："穿了几次也没穿过去，真是老喽！"母亲一边感叹一边把针递过来。

我没理她的话，阴沉着脸，僵硬地接过针。只一下，线便爽快地穿针而过。我放了足够长的线之后才把针递给母亲，心想，线长点儿总可以用的时间长点吧。

可没过多久，母亲又进来了。"再纫一次吧，线用完了。"

我满心的火气："妈，我正写文章呢！那么长的线怎么才一会儿就用完了？"

母亲歉意地陪着笑："你纫的线太长，我剪掉了一截。"母亲看我的脸色不好，连忙接着解释道；"线太长了，做活时会结疙瘩，反而更麻烦，还是短点儿，干脆利落，缝起来也快。"

然后，母亲摊开手掌："喏，这回你一次把这些针都帮我纫上，省得一会儿又得叫你。"

我这才看到，母亲的手掌里有一堆亮亮的银针，大约有十几根。母亲独自在那儿说着："你看你，天天在凳子上坐着，一坐就是十几个小时，啥样的身子骨能经受得了这个呀？给你缝个海绵坐垫，坐着舒服一些，也免得生褥疮……"

我的眼睛一热。

双腿瘫痪之后，我就只有靠写稿子来寻找我的人生价值了。在人生左右苍茫时，总得有条路走，这路又不能再用腿去趟，便只有用笔去找。而这样的路，不知道最终能走到哪里，但我知道我必须努力。我几乎天天熬夜，在电脑前一坐就是十几个小时，母亲的劝告从来不曾入耳。只是等身上长了褥疮之后躺在床上不能再坐起来，才发现成了母亲的麻烦。母亲细心地照顾我，没有一句怨言。

可是我呢？我忽然觉得自己就是那根缝衣针，虽然与母亲朝夕相处，

可我的心却被没完没了的文章堵死了。母爱的丝线在我这里已找不到进出的"孔"。可是，母亲并不放弃，还在执著地努力，想要穿过来。

我把针一根根地穿好，并排别在线管上，这次，每根针上我都只留了短短的线。

回头再看自己的文章，想到母亲的话，我蓦然明白了自己症结所在：写文章是不是也像母亲手里的针一样？穿的线太长，也会结疙瘩的。

心灵感悟

世界上有一种声音，让我们永世难忘，那就是母亲的声音。世界上有一种爱，明亮如灯，那就是母爱。母亲的爱，正如穿过针眼的线一样，不长，只用她的大半生，缝合儿女们整整一生的岁月。

一封伟大的家书

我散步后回到宿舍，老远就看到一个黑黢黢的影子蹲在门口，我不由得心头发毛，后退了一步，大声地问："谁？"黑影立刻站了起来，走到路灯下，笑着说："陈老师，是我。"我定睛一看，原来是那个村里人都称作蒋二婶的中年妇女。

我笑着走了过去，"呵呵，吓了我一跳。"

"陈老师，这是我家自己种的雪梨，给您尝尝。"她举起手中一个大篮子，里面满满装着梨，个个都有菠萝那么大。

"那哪行！谢谢你，拿回去，我可不能收。"她又走近一步，和我面对面站着，哀求着说："陈老师，您好歹得收着。我还有事儿找您帮忙呢。"

"进屋说话吧，忙好帮，水果拿走。"

"陈老师，我想请您帮我写封信，给我儿子的。"她把篮子放在我的写字台上，不好意思地说，"我勉强识得几个字，简单的信能写。这次要讲的东西多了，怕说不清。"

"没事儿，你说，我来替你写。"我拉开抽屉拿出几张信纸。

"是这样的，我儿子在福州大学读书。"

"对，我听说过的，去年全乡的状元郎。"

她立即开心地笑了起来，"对啊。您也知道了。他昨天给我来信说，吃不惯学校的菜，就想吃点儿辣的。我想啊，这娃回来一趟也不容易，车费贵啊。我和他爸就寻思着，给他寄点辣椒粉去、菜或者是面条里放些，味道就好点儿。"

"嗯，对。想得真周全。"

"陈老师，你说这孩子出门在外的，做爹妈的也就在这上面能尽点力了不是？"

"那好，你说我写吧。"

她轻咳一声，凝视着面前的一瓶墨水，说："进儿，你的来信收到了。出了省，饮食口味有不同也是正常的，你爸让我给你寄点辣椒粉来，又怕你不会用，就请陈老师代我们写封信来给你说说。"

我笑着摇手，"不用说这个。有什么话我直接写就行了。"

她捂着嘴乐了，"哦。不写这个啊，好。"

"我是买的最好的辣椒来磨成的面子。特别辣，你一次别放太多，要不然那些暗疮又要长出来了。辣椒粉别靠近水汽，得放在干燥通风的地方，要不就容易发霉。你上次说你们寝室的同学买了电炒锅，那最好就把它做成油辣子，保存的时间就长得多了。"

"还得教他做油辣子吧？"我笑道，"他会吗？"

"这孩子在家时我从没让他干过家务，都让他一心念书的。"她把椅子拉近点。"可不，还真得教教他。"

"把油倒进锅里，哎，锅里可别有水，要不油溅起来会烫伤的。看到油冒大气了，就关火，等油冷一点再倒进辣椒粉里，烫了的话辣子就全糊了，一点辣味也没有。哦还有，可不能用玻璃陶瓷的来装，热油一下去就裂了。"

"呵呵，说得这么详细他一定会了。"

她突然站起来，"哎呀，陈老师，还得加一句，我这孩子最马大哈了。他别烧着油就跑掉了，那燃起来可不是小事！"她紧张得两只手互相扭着，好像看到锅里的油烧着了。

"好。我写。"

"还跟他说，同学有爱吃辣子的就分一些给他们，完了我再寄。"她微笑着掠了掠头发，坐了下来。

"唉！"她皱起眉头，"他爸前几天干活踩到块碎玻璃，刚好伤到脚心，

这不，一步也动不了呢。算了，还是不要对他说，白担心。"

我点点头。

"还有，"她叹口气，"寒假里他跟他爸说，他在和学生会一个女同学谈对象，他爸当时就问，你跟人家说你的家庭情况没有，咱家这么穷。他一听这话，脸子一拉就把他爸一个人撂那儿理也不理了。"她抬起眼睛来，"陈老师，您跟他说，可别哄人家闺女，咱是咋状况就咋说。再说了，我也不太赞成他大学里谈朋友的，男人没事业怎么立得起家来？您说是吧陈老师？"

"孩子大了，各人有各人的想法，只能把道理给他讲清，他自己会思考的。"

"哎，对。您说得有理。"

"还有什么要说吗？"

"没什么了，就说我们一切都好，叫他好好读书，不要挂念。"

我飞快地在另一张信纸上重写了一遍。"好了，我念给你听听，看行不？"

"进儿：来信已收到。家中一切均好，勿念。你说在学校饮食不习惯。正是在家事事好，出门时时难。但好男儿志在四方，你也应当学会忍耐适应。我特意买了最好的辣椒磨成辣椒粉给你寄来，可在菜肴或面条里添加少许，以解思乡之情。你可与同学分享，吃完了来信告之，我再寄来。辣椒粉应当存放在干燥通风之处，切勿靠近水汽，否则易霉变。上次你说室友有一只电炒锅，那最好将辣椒粉做成油辣子便于保存。具体制作方法是，将油倒入干锅，油热至大气腾腾时便可关火，待油稍冷之后再倒入辣椒粉中，搅拌即可。但要注意两点：一是不可用玻璃器皿或陶瓷餐具盛放，油热易裂。二是烧油期间不可离人，恐酿成火灾，慎之！另外，上次你和父亲所说你与女同学恋爱一事，妈妈希望你多以诚意示人，真心换真情。丈夫立于世，当立志立业然后方可立家。享受一份感情的背后，更需要的是勇敢地承担起责任。"

我顿了一顿，说："最后的落款是，你的母亲。2004年4月6日。这样行吗？"

她站起来拉住我的手，"陈老师，您写得太好了！叫我咋说……"她掏出手绢儿擦了擦眼睛。

"没什么。你们做父母的太令人感动了。"我将信纸叠好交给她。"以后要写什么尽管来找我，没关系的。"

她连声道谢着向门外走去。

"哎，梨……"

"您千万别看不起。您平时教娃娃们太辛苦了。"

我的手机响了，她趁机把我的门掩上走了。

"喂，星啊？"

"是我。有什么事？"我笑了，男朋友每天这个时候都会来电话聊天的。

"没事不能找你？咳，别说，真有事。上次我找教育局的张科，他说你们这种支教的要调地方还没有先例，很难办。我怕你泄气，一直没敢告诉你的。"

"没关系。我不想走了。"

"星。你别说气话呀，听我说完嘛。我叫我爸找了王总去疏通，这次估计能行。"

"别去找了。真的，我想通了。我一定要在梨花村待够这一年。好好教一批娃娃。他们需要的不光是知识。"

"你怎么了？谁给你刺激了？"

"我刚刚写了一封伟大的家书，一封母亲给儿子的信。你想听吗？……"我拿着手机走出门去。

朦胧的星光下，四处正散发着田野的芳香。

心灵感悟

"儿行千里母担忧"，一封伟大的家书，琐碎的小事中能品尝母爱的味道，是那样的真切。对于母爱，不管我们怎么形容都显得过于苍白。我们不禁开始痛恨词汇的苍白和无力，对于浓得不能化开的爱，单用词汇实在是太不完备了。

母亲，只有两个字的一个词，轻轻读出来，总显得无比亲切与沉重。

母爱的灯火

记忆的深处，最难忘的是童年时代在那盏油灯下度过的时光。

母亲总是在我身旁，纳着鞋底一言不发地陪伴我读书、写字。顽皮的我总喜欢偷空观察母亲，母亲那时眼睛好使，尽管在昏黄的油灯下且离得

较远，但母亲总能把鞋底上的针线排列得比我书写的文字还要整齐。有时候，我写着写着便进入了梦乡，醒来时却发现一字不识的母亲正盯着我写过的作业本，那神情比欣赏纳过的鞋底还要专注。柔和昏黄的灯光映着母亲慈祥的面容，一种说不出的感觉在我幼小的心灵中滋生，可惜那时我尚未学会汉字"感动"的写法。

每天奔波于学校与家之间，晚上回家母亲总是催我提前吃饭，说是以便我早些到昏黄的灯下读书。我的饭碗里总有堆积如山的炒鸡蛋，我明白母亲的良苦用心。转眼到了"中招"，那天早上紧张惶恐的我早早起床，准备将复习过的内容再浏览一遍，起来后找那油灯时，却发现那油灯在厨房内已被点燃。母亲偎在厨房的柴草上睡着了，厨房里弥漫着水气，锅内偶尔还传出"咝咝"的声响，我知道那锅里肯定是几个已煮熟的鸡蛋，害怕耽误我考试的母亲显然一夜未睡，一直就守候在这昏黄的油灯旁，我转过身，任泪水横流。

我读高中时，村里已通了电。由于电费昂贵，母亲执意不肯用。我们姐弟4人陆续上了学，家中的境况已到了糟得不可再糟的地步，我每星期的伙食费大都是母亲把家中种的葱、蒜挑到镇上换来的。每次在街头接过带有母亲体温的零钞，我都想抱头痛哭一声，逃离那灯火通明的教室，陪舍不得在街头买一个馒头吃的母亲踏上那漫长的回家的路途。

灾难不断地降临，那个黑色的7月，落榜的消息残酷地摆在我的面前。我迷迷糊糊从镇上走回家中，一头倒在床上，闭上眼，泪水开始在我心底奔流。不知什么时候，母亲坐在了我的床前，她左手端着那盏油灯，正爱怜地端详着我。昏黄的灯下，母亲的双眼噙满了泪水

第二天早晨，我打起背包毅然踏上了打工的路。熟知我脾气的母亲像大病一场，默默地将我送到了村口。倔强的我昂着头不敢回首，害怕不争气的泪水打湿了母亲不堪重负的心灵。

一个多月后，当我拖着疲惫的身躯又迈进了熟悉的家门，掏出那叠得整整齐齐的钞票时我早忘了提灰斗、搬砖头时的烈日。吃完晚饭，我对母亲说我还要去读书，母亲一把把我搂在了怀里，泪水像断线的珠子滴在我黝黑的脸上。只有母亲才会这样为我伤心又为我高兴！

土里刨食的日子，我家的境况已不言而喻，为了我们兄妹4人的学业，父亲到亲戚家借来钱，母亲在昏黄的灯下认真地数着。同年9月，我低着

头走进了县城的复习班，年底，母亲饲养的那头大猪抵了债，春节买了并不多的猪肉，但母亲却高兴得不得了。

1994年我昂首从复读班走出，考上了一所并不知名的中专学校。1996年，我终于完成了中专的学业，在次年的一次招考中我幸运地走进了警察这个神圣的行列，有了一份固定的工作。我很珍惜这来之不易的机会，在我的影响下，小妹也在随后不久考进了警察学校。对于母亲来说，生活有了更多的希望，尽管依旧贫穷，但母亲的脸上有了更多的笑容。

2000年，我在县城结了婚。因为害怕增加我的负担，母亲很少去我的"新家"，家中还有放不下的鸡呀、猪呀等。我也明白，母亲感觉我如"倒插门"样进了别人的家门，因为不能为我凑钱买房子而难过。殊不知，这让我在内心深处是多么的不安！2003年8月，我无爱的婚姻走到了尽头。离婚的那天我没有告诉母亲，待母亲知道时，我已提着仅有的几件警服、带着一身的债务离开了那个所谓的"家"。离婚后的3个多月我没敢回乡下的老家看望母亲，妹妹来电话说母亲时常半夜在哭声中醒来。我无言，泪水在眼眶中打转……

汗水冲走了几多艰辛的岁月。时至今日，我仍身着警服在远离母亲的县城里忙碌，有了自己的房子，也有了一个幸福的小家。偶尔归家带点东西回去看望她，她总是窘迫着连说："老了，老了！"那语调中的愧疚常使我在不安的同时深感母爱的伟大！

劳累过度的母亲如今刚过50岁就有了许多白发，眼睛也大不如以前好使，在明亮的电灯下做针线活时常被针刺破手指。尽管如此，她仍不停地为我们缝制我们很少穿上脚的布鞋，一双又一双。

母亲依旧在乡下，这让我时时挂念。在我一路风雨的人生旅途，母爱一直占据着我的心，就像煤油灯给我的感觉，柔和又温暖，使我在充满艰辛的人生旅途上能真真实实地感受到爱的存在。也正是这爱的灯火，照亮了我所有平淡的日子和我前行的道路，教我在充满艰辛而又漫长的岁月中，不只是学会了忍耐与等待，更学会了创造。

心灵感悟

母爱犹如不灭的灯火，在风雨飘摇的日子里，为我们指明远方的道路。即使如豆般微弱、渺小，却能让我们在泥泞的路上走出一条宽广的

大道来。让我们在以后的人生当中越加牢记母爱的深沉与博大，无私与温暖，从而跨越苦海，走向光明。

母亲在"加班"

今天学校开始报名参加晚自习。我第一个就报了名，初三可是最关键的一年，我一定要好好把握。我在床头贴上了纸张，上面写着醒目的一行粗体字"有志者，事竟成；苦心人，天不负"。母亲看到了，笑了笑，是那种欣慰的笑。很温暖。我想我一定不会让她失望的。一定！

今晚第一次到学校上晚自习。感觉真好。老师给我们上了一节课，讲的都是课外知识，让我受益匪浅。然后上一节自习课，自己复习，也可以和同学讨论习题。

下课后，我和同路的几个女生一起回家。一路上我们谈天说地，欢笑在晚风中挥洒。那感觉真好，意气风发，青春飞扬。

当我走到校门口时，我的笑容凝固了。我居然看到了母亲，她推着自行车站在那儿，好像是在等我！

真烦啊！别的同学都是自己一个人回家，而且，和伙伴们一起，边走边聊，多舒畅！最讨厌的是明天又会有同学笑我"小孩子"，我可不想贴上这样的标签。因为我都15岁，已经是个大人了。

一股怒火在心中燃烧起来。我瞪大双眼，向着妈妈嚷道："你干吗要来啊？我会自己回去的。而且又有那么多同伴。真是多余！"说着，我气鼓鼓地飞身上车，把母亲远远地甩到后面。夜风中传来母亲焦急的呼喊："玲玲，近家那段路没有灯，你要小心啊！"

回到家，我和妈妈展开了"谈判"，刚开始，她无论如何都不肯答应不再接我，最后，我使出了"杀手锏"——如果她不答应的话那以后我就不再上晚自习，妈妈无奈地妥协了。

6月的天孩子的脸，说变就变，刚刚还是好好的天，转眼间就下起了倾盆大雨。幸好临出门前母亲硬是塞给我一件雨衣。当时我还嫌她多余呢。

一路和同伴把自行车踩得飞快，我们都想快点到家，逃离这铺天盖地的雨幕，回到温暖的家。

和同伴分开后，我还要单独经过一段漆黑的路，这一段路没有灯，大概离家还有800米。平时回家时，我都是以全速前进，提心吊胆，战战兢兢，总觉得有人后面跟着我。每一天平安回到家时，我又暗笑自己是神经过敏——作为一个大人，我怎么可以害怕呢！

今天晚上，雨声淅沥，漫天漫地，雨中的景象已经不像白天那样熟悉而又亲切。当我又经过这段漆黑的路时，我的心几乎跳到了嗓门眼，我紧紧闭上嘴，牙齿狠狠地咬着下唇。自行车穿过一个水洼时，还差点摔了一跤。似乎过了一个世纪，我终于到家了。看着家里窗户透出的灯光，所有恐惧和害怕都在瞬间消失。家，真的是人们停靠的港湾啊。

在家里等待我的又是父亲。我简单的和父亲说了几句话。

"爸爸，你怎么还没睡？"

"等你妈回来呢。"

"她怎么天天加班啊？"

"喔……"父亲没有回答我。只是平静地说了句："你先去换衣服，早点睡吧！我等你妈回来就行了。"

我回到房间换了衣服，倦意涌上来，我迷迷糊糊地睡着了。不知过了多久，醒了过来，觉得口渴，便走出房间到客厅去喝水。

经过父母的房间时，我听到了他们的对话。"你没事吧？看你刚才衣服都淋湿了。不会着凉吧？"这是父亲的声音，温和中带着关怀。

"没事。玲玲今晚特别害怕，骑得特别快，害得我都赶不上她呢。经过家门口的那段路时，她差点就摔跤了。我远远看着都觉得心疼，多想去扶她一把呀。可这孩子……哎……"停了一会儿，母亲似乎想到什么，问："她发现了没有？"

"没有。还问我为什么你天天加班呢！"

"这孩子！哎……"房里传来他们得意而又轻松的笑。

下面的话我已经听不清了。原来是这样！难怪我老觉得有人跟着我，原来是母亲！难怪母亲天天"加班"，原来是每晚偷偷护送我回家！而她一直瞒着我，只为了维护我的自尊和自以为是的成熟！

我站在父母的房门口，心口被一股暖流撞击着。百感交集，自责、内疚、幸福、温馨交织在一起，内心柔柔软软的，充沛着母亲的拳拳深情。我终于明白：我走得再远，也走不出母亲的视线。

从这以后，每天晚自习回家的路上，我都不再害怕；并且故意放慢了脚步，为的是和身边的母亲一起分享那片美丽的万家灯火……

心灵感悟

　　母亲给我们的爱太多太多了，每一年，每一天，每一刻都存在，如果要写得淋漓尽致献给母亲，或许要从小写到苍老时。越回味越觉得这个世界因为母爱的存在，才更加美丽，因为母爱的存在，人类才显得更加高尚。母爱就像金子，时间越久越能显见她的光芒。

青春励志

继母的荣誉

　　在我3岁的时候，母亲去世了。接下来的几个月里，爸爸在工作中遇到了多特，并且开始频频约会，一年以后他们结了婚。

　　突然之间，我的童年消失了。这么突然，这么快，另一个女人闯进了我的家，虽然母亲的形象仍然栩栩如生，多特却让人难以理解地做了我们3个孩子的继母，我们分别是5岁、8岁和11岁。

　　在我孤独的时候，我爱听那首古老的歌曲《你永远不会独行》。

　　我确信那是母亲在另一个世界里唱给我听的。在这悲伤的时刻，我多么希望她能走到我的面前，我幼小的心灵多么希望得到母亲的爱抚。

　　"你想要孩子们叫你妈妈吗？"有一天爸爸问多特。我有某种愿望希望她说"是"。多特困惑了很长一段时间后，说："不，这样不好。"

　　毕竟血浓于水。这是祖母一贯的主张，我以前不明白这句话的含义，但从这一刻起，我明白了。我继母的回答似乎也证明了这一点，我只是我父亲的一件行李，虽然她介绍说我是她的女儿，但从血缘上来说我不是。

　　我是水，我做的事情就开始和我的身份不一样起来。

　　我把自己藏得很深很深，一副拒人于千里之外的感觉，但无论我多么无理，多特从不用刻薄的话伤害我。

　　每有机会就去墓地看望母亲，去向她倾诉，我从不带花去，因为我母亲的墓地里总是鲜花盛开，不用怀疑，那是我父亲送的。

　　到我14岁的那年，我放学回到家里，看见我新出生的小弟弟，我在摇

篮边轻轻地抚摸着他软软的肌肤，他的小手抓住我的手放到他嘴里。那一刻，我的眼睛充满渴望："我可以抱他吗？"

她抱起孩子，把他放到我的手臂里。

然而，把我们真正连在一起的还是那个小小的礼包。

圣诞节那天，当我打开漂亮的礼物盒，我看到了那件新羊毛衫和裙子时，多特说："你喜欢吗？"很快，多特成为我最好的朋友。

一个星期天，我无意中听到她告诉我的姑妈："我不想强迫孩子们叫我妈妈，铱乌林（我母亲的名字）永远是他们的妈妈，这是唯一的权利。"

哦，是这样吗？血浓于水这句话对吗？祖母的话对吗？

很多年以后，我有了自己的家。多特把我的丈夫当成自己的儿子，在我3个孩子降生的时候，每次都是她为我想办法减轻伤痛，照顾我。在这期间，她自己也断断续续地生了3个孩子，给我们带来了两个小弟弟和一个小妹妹：多么特殊的家庭啊，孩子们一起长大，情同手足。

那一年，我和丈夫搬到了200里外的地方。悲剧发生了，我们的儿子安吉死于非命。黄昏的时候多特赶到了，她拥抱着我，她的心都要碎了。

我凄凉地度过了葬礼后的几个月。我只想偷偷去死。每个星期五，我木然地看着多特的大众牌汽车驶进我的车道。

"你父亲不能来，他得去工作。"她说。她陪我去墓地，牵着我的手，陪我一起落泪。在我不想说话的时候，她就静静地陪着我；在我说话的时候，她静静地听着；在我绝望的时候她总是用她那柔弱的肩挑起我的痛苦。就这样，每个周末她都要开4个小时的车赶来，来来回回地持续了3个多月。

很快，我就习惯了在星期五的时候在门口等她，慢慢地，生活又恢复过来。

不久后，父亲弃世而去，把我留在这个世界上。我被噩耗击蒙了，悲痛欲绝，我第一个反应就是我需要多特——我的家。

自打母亲去世后，冰冷的、巨大的害怕就像要爆炸的炸药，藏在我心里。如今，父亲，我最亲最近的人，有血缘的父亲，走了。多少年来，我在父亲和多特营造的家里过着安稳的生活，我已经习惯了这种和睦的家庭，现在父亲突然离去，留给我们一道黑色的恐怖的裂痕。

父亲，我想知道，你像粘胶一样有凝聚力吗？粘胶和遗传因子能相提

并论吗？

丈夫带着我回家的时候，我的心里充满恐惧。

我失去了家庭吗？恐惧，占据了我的整个心房。

血浓于水，我祖母是这样认为的，多特难道不是这样认为的吗？多特的家，不再是父亲和多特共同的家，难道父亲的离去改变了她吗？她爱我，是的，但是我突然敏锐地感到我们毫无遗传关系，只是常说的那种继子。很多熟悉的面孔来填补这种裂缝，但是站在他们中间，我感觉到前所未有的孤独。

"苏茜。"多特的声音在耳边响起来，朦胧中我看见她像海豚一样游到我身边，并把我揽在怀里。我就像是一个被遗弃的小孩，在母亲的怀中号啕大哭。

"亲爱的，他现在和你母亲在一起。"

我啜泣着，凝视着她善良的面孔，"他总是把花放在妈妈的墓地。"

多特花了很长时间，才帮我从痛苦中解脱出来。我带了鲜花去墓地看望母亲，我想告诉她，我的伤痊愈了。令人惊讶的是，墓前摆放着鲜花，和从前一样。

"那么，是谁……"我全理解了：水是血的一部分，祖母没有理解这一点。

有爱在里面，你怎么能把水从血中分开啊！

最近，我问多特："是叫你妈妈的时候了吗？"她微笑着，脸红红的，我分明看到她的眼里充满泪水。

我犹豫地说："可以吗？"

她哽咽着道："我将视它为一种荣誉。"

母爱，是一种感人的情怀。

心灵感悟

血浓于水，这是一种感情的纽带，但是要维系或者建立感情，血并不是唯一的纽带。伟大的继母用博大的胸怀接纳、宽容、给予孩子们无私的爱，为孩子们保留了心中对母亲的神圣之地，却用自己的爱浇灌着孩子们成长，让他们变得坚强，为他们遮风挡雨。是的，血浓于水，但是血也离不开水，无论是母亲，还是继母，母爱都是一样伟大无私的。

有种爱再不会重来

　　我的家在河北农村，我的父辈都出生在解放前，所受的艰辛，是我们这一代无法理解感受的。我的出生给家庭带来了欢乐，因为是男孩。那是1973年中秋。那时父亲在北京工作，母亲和3个姐姐在老家，因为家中没有男劳力，地里的活全在母亲的肩上，何况还有比较厉害的爷爷。记忆中父亲在过节的时候背着面和大米从离家15里地的火车站走回来，还有糖。母亲辛苦的忙做，没有闲时，就是三伏天的中午，吃过饭，急忙去地里砍草，因为家中有一头牛，回到家时，衣服脱下来一拧，水哗哗的。

　　不知道那时的收做农活母亲是怎么完成的。

　　我一天天长大，村里的人都说我懂事，因为我知道母亲的辛苦。我在上小学二年级的时候，课间休息，大家在校门前玩（农村的学校没有院墙的），我突然看到母亲背着比她的身体大出几倍的高粱秸回家，但是她的腿一瘸一拐，衣服上有好多的叶子，头发有一绺散在额头。我呆呆地看着，泪水在眼眶中，死死地咬着嘴唇。那一刻我没有哭，那一刻我记忆犹新。

　　自此我每天放学都背起和我一样高的筐，去割草，去掰树叶。我做了一个小扁担，去离家2里远的井里挑水，回家后肩膀红肿得难以忍受，大姐哭了，说我不好。姐姐们都很心疼我，晚上睡觉的时候我不敢脱衣服，那一天我长大了。因为当时的环境不好，收成自然也不好，父亲每次带回的米面，只有掺着吃，母亲每次都把她的那一份，省给我吃，只有过节时才一家人都吃白面，更不用说炒菜了。记得有一年夏天，母亲和二姐很晚了都没有回家，我们在煤油灯下，等着。第二天，天很黑，雨下得大得吓人，母亲和二姐还没有回来。我和姐姐开始着急，大姐出去打听去了，我和三姐在大门口等，远远的望着那泥泞的路，期盼着母亲和姐姐的出现……蒙蒙的雨中，我看到了母亲在拉着一辆车，大姐在后面使劲的推，车用塑料布盖着，母亲和大姐浑身都湿透了。一家人急忙地把二姐抬回屋里，这才知道二姐去掰树叶，从树上摔下来，摔断了腿，母亲拉着姐姐去了医院。晚上睡觉时，我看到母亲在偷偷地哭，整理着钱，有一角的，一元的。我没有敢出声，那一夜外面很闷热，没有一丝的风。

生活是快乐的，母亲也随着我们的长大快乐着。

有一天，我感到肚子疼，母亲急忙带我去乡里的医院检查。第二天，借了一辆自行车，说带我去市里。从医院出来，母亲告诉我，没事，吃点药就好。已经是中午了，不懂事的我看到有卖包子的，非要吃，母亲买了几个给我吃，我香香地吃着，母亲没有吃，只是在看着我，我拿着一个包子给母亲吃，她只是咬了一小口，说，不饿。我没有再吃，说饱了。至今，每次吃包子，我都会想起这件事。每一次我都慢慢地品尝，因为里面有那伟大的母爱。那一年我上小学四年级。

那年秋天，我离开了生我养我的故乡，离开了我那慈爱的母亲，来北京上学。那天走的很早，母亲一直没有说话，到了车站，要上车时，我再也忍不住，哇哇地哭了，扑进了母亲的怀里。母亲说，好好学习，不要想她。车已经开了，我回头看见母亲还愣愣地站在那里，看着我，就那么一直看着，车渐渐远去。后来姐姐说，母亲一直站在那，好久没有走。

在京的学习还比较顺利，但父亲说我瘦了，因为每一天我都吃不了很多东西。我每一周都要写信给母亲，什么都说。这使我感觉到，什么是思念。这时我种下了一棵思念的树，而且在不停地长，每一天我都用心血去浇灌，用爱去培养。终于到了假期，父亲没有时间送我回家，我坚持自己回去，那时京九铁路没有，只能到石家庄去换车，我说完全可以，让父亲放心。那天我吃了很多的东西，父亲也很高兴。

终于到家了。

终于见到母亲了。

到家的时候天已经很黑，母亲和两个姐姐没有吃饭，一直在等我和姐姐。我刚进门，母亲就急急地出来了，紧紧地抱着我。那天，我看到母亲哭了。我给母亲和姐姐们讲着北京的繁华，母亲就那么一直看着我，直到我睡觉。第二天，母亲还在埋怨父亲应该送我回来。我看到母亲很精神地出来进去的忙。幸福的时光总是很快，马上就要开学了。父亲说，他要出国一段时间，要母亲和我们一起走。姐姐们都说，她们大了，可以自己照顾自己，一致同意母亲和我们走，就这样母亲一直陪我读完了初中。那一段时间是我最高兴的，是我生命中的，最光辉的。我是最幸福的。随后的生活也好起来了。

初三毕业了，母亲却要回家，她放心不下姐姐，放心不下那个家。我

也决定回家念高中，因为我知道母亲离不开我。学校离家很远，有五六十里地，每月回家一次。每次到了月底，母亲总是找理由到村头去接我，做很多好吃的给我。母亲说我长大了，她第一次说，她很高兴。随后的几年间，姐姐们相继出嫁，我要到天津上大学了，父亲要求母亲来北京，母亲说她离不开这个家，姐姐也想把母亲接过去，但母亲坚持不去。就这样，母亲开始了独自在家的生活。为了锻炼身体，母亲坚持留了一亩地，因为她知道，我爱吃她做的饭。天津离家不是很远，我一直还是每月回家一次。每次回家，母亲还是在村头等我，无论刮风还是下雨。

快要毕业那年，有一个机会，去澳大利亚工作学习。母亲说，慈母多败儿，同意我去。眼看签证快要下来了，母亲和父亲，在为我收拾东西，这时我看到父亲和母亲都默默无语。这时我才发现，我的父亲母亲都已经不再年轻。第二天，我说，我不去了。其实这正是他们想听到的。父亲开心地笑了，母亲说去做饭。那一天，我在心底种下的那棵树，又在疯长。我可以感觉到，这棵树，很高很大，已经成为了我生命中的一部分。

毕业后，我回到了老家，我要补偿什么。工作一年后，在母亲的坚持下，我来到了北京。后来有了工作，后来有了妻子。母亲却一直不肯过来，因为没有大的房子，怕拖累我。

直到儿子快要降临，我买了一套房子。为了孙子，母亲终于决定来北京。儿子出生了，母亲天天高兴地看孙子，每一天总是高兴的。我又开始享受生活。儿子比较调皮，长牙时总是要咬母亲的手和脸，但母亲只是说不疼，没事。我和妻子开始带母亲出去玩，但是，她总是说，北京什么都那么贵，总是不愿意。

在我的儿子一岁那年，母亲总是背疼，我们带母亲去了医院，医生说是肺癌晚期。

这时，我感到我种的那棵树，在抖，脑中一片空白。我心底的那棵树，在经历着暴风雨，摇晃着，牵动着我的心，撕裂般的疼。姐姐借口来看儿子，母亲说，一辈子没有进过医院，没有事情的。医生给母亲做了肺部肿瘤的切除手术，一家人在手术室门口，等了一上午。我感到这时我的心，已经被切走了一部分。随后的日子，天总是灰沉沉的。为了隐瞒母亲只好把药瓶子上的标签揭走，告诉母亲，为了省钱，那是简装药。直到今天，我总是感觉，母亲其实是知道什么的，只是大家没有捅破这一层纸。没有

人时，母亲对我说，她很知足了，如果真的有那一天，她要回老家。

风越来越大，仿佛要连根拔起我那心底的树，肆虐地抽打着这棵摇摆的树，树上已经果实累累，我无助地，守着它，树的根基已经裂开，那是我的心，在被撕裂。我已经没有了泪水，眼睛干干的疼。风越来越大，树，快要倒了……

母亲又要回老家了，临出家门时，目光呆呆地看着她心疼的孙子，她心爱的家。

那一天是正月十六。晚上9点，我们回到了老家，把母亲抬到了床上，母亲的眼睛就那么看着我，看着姐姐，看着这熟悉的家，目光，是那么的慈祥，那么的满足。

一声霹雳，我培养30年的那棵树，倒了，消失了，我心中的世界，一片阴暗，我被掏空了一切，我的身，我的心，冷得发抖。我赖以生存的树啊，带走了30年的，甚至一辈子的果实，就那么，没有了。我痛啊，我没有什么言语，只是那么抱着母亲，那么抱着……

随后的几天，我明白了什么是空白，什么是悲伤……

我开始全心的热爱生活，感受生活中的喜悦，痛苦。

因为世间，有一种爱，是再也不会重来！

庆幸的是我已经有过了。

🌱 心灵感悟

树倒了，果实没了，但有一种爱永远也不会离我而去，那就是母爱。母爱让我们重新热爱生活，给了我们生活的勇气。读懂母爱，我们就会越发珍惜生命；破译母爱，让我们更容易体悟人间的真情。

母亲的眼睛

在世界射击锦标赛的现场，发生了有史以来从未有过的急死人的新鲜事，50米手枪慢射冠军普钦可夫失踪了！在即将颁奖的节骨眼上，刚刚打破世界纪录的普钦可夫神不知鬼不觉地在众人的眼皮底下消失得无影无踪。

普钦可夫失踪得很不是时候，在恐怖、爆炸、劫持、绑架等字眼屡见报端的大背景下，他的失踪不禁使组委会头头脑脑的神经顿时紧张起来，他们一个个心跳加速血压升高。广播喇叭更是声声急字字催："普钦可夫，马上去领奖台！马上去领奖台，普钦可夫！"

实际上，普钦可夫安然无恙、毫发无损。此时此刻，他正躲在一个谁也发现不了的角落里与他的妈妈通电话："妈妈，妈妈，您看见了吗？您听见了吗？赢了，赢了，得了冠军，打破了纪录！"

"看见了！听见了！电视机开着呢，评论员的声音大着呢。你听，你听，广播里正喊着你的名字，快，快！领奖去！"千里之外的妈妈柳莎无比高兴、无比激动，她的嘴巴大大地张着，双眼一动不动，一副喜极欲哭、欲哭无泪的样子。

"妈妈，妈妈，您知道吗？用妈妈的眼睛瞄准，靶心就像又大又圆又明的月亮，手枪的准星一动也不动的，子弹长了眼似的直往靶心钻。"普钦可夫热血沸腾、言犹未尽。这也难怪，对于一位双眼曾患恶性黑色毒瘤的人来说，能够逃脱无边黑暗的厄运，迎来鲜花如海光明灿烂的世界，这全赖妈妈柳莎的眼睛和医生巴甫琴科的妙手回春。

8年前，10岁的普钦可夫被确诊双眼患上恶性黑色毒瘤。几十所医院几百名大夫像串通好了似的，众口一词：做眼球摘除术！不然的话，快则3月、慢则半年……

命运如此残酷，天真活泼的儿童就得面对要么死亡要么黑暗的选择。这选择沉甸甸的，压得人透不过气来。普钦可夫直愣愣地望着母亲，用清纯而困顿的嗓音说："妈妈，书上说'光明无限好、世界很精彩'，我还没看够呢；书上说'生命是第一可宝贵的，对人只有一次而已'，我才刚刚起步呢。"

柳莎完全明白儿子的意思。是呀，光明与生命二者兼而有之是再好不过了。可是，她非常清楚，感情战胜理智的结果是非常可怕的，她不能忘却丈夫的前车之鉴，她一字一顿地说："儿子，你爸爸的病与你的一模一样，他不听医生的，结果呢……"柳莎再也说不下去，她声音哽咽，眼泪在眼睛里打着旋儿。

柳莎与儿子当机立断：两害相权取其轻。

决定一经作出，柳莎变卖财物，仅仅两天的时间，她一股脑儿地把汽

车、钻戒和满头金发换成了现金。她卖得那样的果断、那样的坚决，她要让儿子在手术前看中国的万里长城、埃及的金字塔、美国的大峡谷、法国的凯旋门……

母子俩一路欢笑，怎么看也看不够，怎么说也说不完。普钦可夫忘却疾病，完全沉浸在母爱的幸福里。

如此愉快的旅程却不得不在中国长城的烽火台上戛然而止，因为柳莎的随身听的声波有力地撞击她的耳膜：眼科专家巴甫琴科发明了视神经诱导接合剂，使移植眼球的梦想变成了现实，一只盲犬已重见天日。

柳莎母子分秒必争日夜兼程，很快就来到巴甫琴科面前，要求马上手术：把母亲的一只眼球移植给儿子。

巴甫琴科看见了柳莎的眼睛，那是一对世界上最漂亮最湛蓝最纯洁的眼睛。

"眼球移植还从来没有在人身上试验过。"巴甫琴科说。

"总得有第一个吃螃蟹的人。大夫，把我的一只眼球移植给我的儿子，我和儿子就都有一个光明的世界。大夫，平白无故多出一个光明的世界，合算，合算。求您了。"柳莎说。

尽管柳莎的眼球和普钦可夫的眼眶配合得天衣无缝，尽管巴甫琴科努力努力再努力，人类史上第一次的眼球移植还是失败败了，世界上徒添了两只义眼，一只在柳莎的眼里，另一只在钦可夫的眼中。上帝就是这样，撒下了希望的火种，又浇灭了光明的火苗。

柳莎要进行第二次眼球移植：把她的第二个眼球移植给普钦可夫。于是，就有了一场艰难的对话。

"你是否知道最可能的结果？"巴甫琴科问。

"知道。"柳莎回答得很干脆。

"你坠入黑暗，你儿子也见不到光明呢？"

"知道，我做好了一切准备，能接受最坏的结果，能忍受一切痛苦。"

面对这样的母亲，巴甫琴科沉着冷静地做了第二例眼球移植手术。

功夫不负有心人，手术成功了。

柳莎和普钦可夫出院的那天清晨，天特别的蓝，风特别的暖，太阳和月亮都赶来看人间最动人的一幕：柳莎背着她的儿子，儿子闪着明亮湛蓝的右眼，发着走、停、左拐、右转的口令，母亲迈着坚定有力的步伐一直向前。

总有一种感情，令我们痛彻肺腑；总有一种精神，令我们心旌荡漾；总有一种力量，能帮我们穿越苦难。母爱就是这种感情，就是这种精神，就是这种力量。

我们感动于"春蚕到死丝方尽"的无私和"蜡炬成灰泪始干"的奉献，世界上哪里还有另一种爱如母爱般伟大？

炊烟中的母爱

写下这个题目，仿佛又看到母亲从一柱炊烟中走出来，用树皮般粗糙的双手，拍打掉衣服上的灰尘，拂理净发丛里的草渣。然后静默在老屋的矮檐下，像一只窝旁守候的老鸟，若有所待地，张望着村前的小路。

她的身影，矮小，滞钝，略有些苍迈颤巍。满脸的皱痕间，濡着细细密密的汗珠和柴灰，微微地泛着黄。双眼却红红的，潮潮的，似乎还暗溢着斑斑点点的泪痕。我知道，那是长年累月，为柴草烟火熏燎的缘故。

这是童年和少年时，烙印在我生命中的一帧画幅。许多年过去了，它仍时时清晰地显印在我眼前，心底，缭绕在我的文字和梦里，像生了根般，淡淡地，却执拗地，牵动我的乡愁——那背景，也始终是一柱袅袅依依，飘逸不断的青白色炊烟。

时间往往是黄昏，彩霞满天；或傍黑，薄暮冥冥。父亲还在田地里劳作。我和妹妹走在由学校回家的路上。正猛长身体的年龄，中午在学校里草草对付的那点儿"伙食"，显然地供不应求。下午还没上课，肚里就响了空城计，叽叽咕咕的，闹得人心里烦躁燎乱，坐立不安。好不容易捱到放学铃响，便急煎煎，忙慌慌地往家里赶，像被鬼追撵着——的确有鬼，"饿痨鬼"——回到家，不及放下书包，就径直奔向灶屋，找寻可以填肚充饥的东西。"饿痨鬼变的？"母亲总是这样嗔骂着。那低沉的声调里，有笑，有爱，更有轻微的叹息。

嘴里包满了食物，又只顾着咀嚼吞咽，我们甚至来不及回答母亲的问寻。可真是饿啊！那年月，饥饿的感觉，就像一条疯狗，一只厉鬼，紧紧

地纠缠着、追逼着我们。我们的全部心思，几乎都用在对付肚皮这事儿上了。母亲更是为此，耗尽了差不多全部的才智。

尽管如此，家里那口补了三枚钉子的铁锅，似乎煮得再多，也填不饱我们无底洞般的肚子。每到该吃饭时，它就唱起歌来，比闹钟还准。而那时，最迫切的意愿，便是能望见自家屋顶上的炊烟。那混含着浓浓的柴草香、饭菜香的炊烟啊，就像抒情的花朵，在天空开放，并且歌唱。那甜暖的香，再远，也能灿亮了我们的眼睛和脸庞。

后来，每次听到"又见炊烟升起"之类歌声，我就仿佛又望见了它，望见了母亲，在灶前传柴递草，鼓腮吹火。心底里，也总有温馨滋润的感情，很明澈，也很幽远。

母亲把饭做熟了，就在夕光薄岚里，在几缕炊烟的余烬中，默默地守望着。偶尔，也柔柔地喊一声："吃饭了噢？"那极富母性的音韵，拖得是长长久久，悠悠扬扬的，浑若唱歌一般，格外的甜软，轻柔。传得很远很远，似乎仍满溢着饭菜的芳香。我们便暂时忘了饿一般，蹦跳着，雀跃着，应一声"吃饭罗，吃饭罗"，欢快地踏着暮色，一路狂奔回去。许多年后，读到余光中先生的诗《呼唤》，倍觉亲切、动情，一下子就记住了。"就像小时候／在屋后那一片菜花田里／一直玩到天黑／太阳下山，汗已吹冷／总似乎听见，远远／母亲喊我／吃晚饭的声音"。

其实，母亲所能煮的，往往也就只是"饭"而已。川中丘陵，别无长物。少量的米外，多半就是红苕，麦子，苞谷。自每年春三月下秧，到秋八月，才有新谷入仓。在这段漫长的青黄不接的日子里，一天三顿，翻来覆去的，都只是红苕稀粥，或稀粥红苕（有时，连这也不丰足）。瘦肠寡肚的，吃得让人烦厌了，诅咒了，却还是要吃，想吃。有时，就忍不住要冲母亲撒气（不是撒娇），皱了眉，苦了脸，说："又是红苕稀粥，又是红苕稀粥！"仿佛母亲真是要故意地克扣我们。

母亲默然无语。每到这时，母亲总是默然无语。黯淡瘦削的脸上，隐显着一丝愁苦和讪然，仿佛她真是不该只煮出这样的饭食。只在偶尔的夜里，能听到母亲和父亲焦苦的叹息："这日子，哎，真是亏了娃们。"声音很低，很低，却沉重如石块，砸在我的心坎儿上。那时，我才知道，母亲除了如我们一样饥饿外，还承忍了更难以言说的痛苦。

现在想来，也真是难为了母亲。那还是大集体时候，父亲体弱多病，

不能干重活,便习了理发、补鞋的手艺,常常要走村串户去挣钱,似乎是"承包",有定额的。父亲挣了钱,就交给队里,再由队里核算工分、口粮、超支、现金,诸如此类,我闹不清楚。但我知道,父亲常常是挣不够工分的。母亲就只好更累了。除缝连补浆,灶火炊饭,洗锅涮碗外,还得风来雨往地忙活队里。母亲很能干,手脚利索,也颇有力气。肩挑背扛、耕犁打耙,样样都不让须眉。那时队里男工,一天10分。女工,不过七八分。唯独一个9分,就是母亲。

虽然如此,粮食却仍不够吃。巧妇还难为无米之炊呢,母亲再能,也显着无计可施了。吃饭时,母亲总是先给我们盛上满满一大碗,再舀自己的。饭桌上,母亲也总是坐在靠近灶屋那"挂角"(方桌的四角)的位置上。捧了碗,慢腾腾地举箸援筷。似乎在品尝美味,又似乎难以下咽。那神情里,满是瑟缩、迟疑。每看到父亲或我们的碗空了,便抢着去给我们添饭。倘若锅里也没了,脸上就又是一丝愁苦和讪然,沉重得令人至今难忘。

后来我才明白,母亲那股勤得有些夸张的举动里,更多的,却是谦卑和愧疚。为她作为母亲,却不能煮出更多更好的饭食,喂饱她的孩子。现在,母亲偶尔到我这儿来,每顿饭时,仍瑟缩而谦卑地坐在"挂角"的位置。举箸援筷间,也满是小心翼翼。起初还以为是客气,或不习惯,多次让她坐在正位上,说,一家人,用不着那样的。但不一会儿,就又不自觉地,移到了"挂角"的地方。我才知道,这习惯,跟那时的生活有关,改不了了。便忍不住嘴里发苦,心里发灰。有一种怅然复怅然的感觉,拂之不去。

那时,母亲最大的快乐,或许也和我们一样,就是逢年过节。因为,她终于能给我们煮出一顿好吃的饭菜来。记得每次煮"年夜饭",母亲都要忙得腰酸腿疼地好几天,但她发自内心地高兴着。进进出出,风风火火,嘴里,却常是悠闲地哼着歌儿。我小时唱会的那有限的几支歌,都是煮饭时,跟着母亲学的。饭菜终于上桌了,母亲便会兴奋地宣布:"开饭喽,开饭喽!"那神情和声音,老让人联想到"中国人民从此站起来了"的宣告。至少,那骄傲自豪和喜悦幸福的感受,是相同的。

现在想来,在我们敞开肚子,尽情吞嚼着母亲做的丰盛饭菜时,连我家屋顶上,那缕缕飘散的炊烟,或许也该是香喷喷、乐陶陶,就像母亲那

溢满快乐和幸福的脸。那时，母亲总是很少动筷，而是凝望着我们，嘴里喃喃着，说："真想天天都能这样！"

终于能够天天都那样了。我和妹妹，却不能天天都吃到母亲做的饭菜了。我到外地求学了，然后工作了，成家了。妹妹也到异乡打工，然后出嫁了。母亲仍在老家，里里外外地忙碌着，一日三餐地灶火炊饭。我们偶尔回家，母亲总要亲自下厨忙乎。饭菜自然丰富多了，母亲脸上，却依旧常有黯淡和讪然。父亲来信讲，你妈每顿饭都要念叨，不知娃们吃饭了不。父亲又讲，家里杀了猪，心舌肚都留着。你妈说看啥时能回来，她给你们煮着吃。父亲在信里讲着，讲着，不知道我鼻子已是酸酸的，喉咙里，也又涩又堵。

那时，我才明白了"儿行千里母担忧"这句话的深刻含义。我其实知道，自古以来的母亲，都是这样的良善，慈蔼，无私。只是，我不无遗憾地发现，这种传统的母亲，在我们的生活里，已是越来越少。一代慈蔼而伟大的母亲，或许就将从此，渐渐地消失了罢。意识到这一点，我不禁为我们的后人，感到深深的悲伤，和彻骨的绝望。

"又见炊烟升起……"每次听到这歌声，都恍惚觉得，有一缕缕绵缠的炊烟，在眼前袅袅地飘升起来，与夕阳、晚霞、风和过去的岁月，融溶在一起。

那淡蓝淡蓝的烟里，满是最平常的人间气息，朴素，温暖而芳香，叫人莫名地感动，惆怅。眼睛里，也禁不住一阵灼痛，潮润，仿佛正被那烟火熏燎着。依稀看见，我苍老而慈蔼的母亲，正站在老屋的矮檐下，站在一柱柱炊烟的背景中，远远地望我，暖暖地喊我。

那炊烟，我想，该就是母亲生命的光束了。而它，我知道，也正是我生命之流的初源。

🌱 心灵感悟

炊烟、母亲，就像一幅画作中的两个印象，让人久久难以忘却。炊烟代表着吃饱肚子的希望，而母亲则是实现这种希望的保证。在困难年代，母亲最大愧疚是不能让自己的儿女吃饱肚子，因此，有机会做顿丰盛的饭食，母亲累却很快乐，因为，她觉得自己终于能满足一下孩子们的愿望了，以致这个习惯保留了下来。母亲的爱是纯朴的、简单的，却是实实在在的，让子女终生难忘的。

第二篇

解读父亲如山般的爱

父爱，好比一盏明灯，这盏灯，一直亮在我们心里，温暖我们一生。即使他贫寒得只剩下自己的影子，他也会把影子作为庇护我们的一片荫凉，让我们永远也道不尽他的恩情。

"他"是你最好的"知心网友"

屋里一片狼藉，胃里的蛋糕还没消化——生日Party过后，凡盯着满桌满地的垃圾发呆。自己已经没有资本再像以前那样缠着妈妈，央求她帮助清理"现场"了。凡开始动手收拾残局——17岁的男孩，不再是父母翅膀下弱不禁风的小鹰了。

心理学家说过，这个年龄段的青少年由于强烈的独立意识，很容易与家长产生矛盾。凡秉承了父亲的倔强脾气，更是经常与父母磕磕碰碰的。那天，父母都出去了，凡一个人在家。

他来到父母的房间，看到桌上乱七八糟，就拿来垃圾桶，把他认为是废纸的东西全部丢进垃圾桶。不一会儿，桌面干净了。凡心满意足地等待着看父母回来时大吃一惊的表情。

父母回来了，爸爸进了房间，然后就从房里冲了出来，朝凡吼道："我的那篇文稿呢？你把它弄哪去了？"凡吓呆了："我帮你们打扫房间，可能，可能把它误扔进垃圾桶了。"爸爸横了凡一眼，很凶地说："以后不许乱碰我的东西！"

凡只觉得心中似有一股怒潮要决堤而出，他扭头跑回自己的小屋，把门重重地甩上，然后一头扑到床上，眼泪如洪水般浸湿了枕巾。这是凡花季里飘的第一场雨，下得好大、好久。不一会儿，凡竟昏昏沉沉地睡着了，朦胧中，他只记得自己发誓：再也不理那个自己要叫"爸爸"的人了。

半个月来，凡硬是没主动跟爸爸说过一句话。父子俩的关系越来越僵。凡变了，由活泼开朗变得郁郁寡欢，上课也开始不由自主地走神，学习成绩一落千丈。

这天放学后，凡听到两个同学在兴致勃勃地议论网络。凡动心了，猛地想起家里那台总是闲置的电脑。

一个月来凡第一次如此期待着回家。做完作业，他迫不及待地打开电脑，闯进了那个叫"网"的世界。和其他人一样，凡很快便被这个神秘的世界吸引住了，竟连爸爸站在门口也不知道。

转眼，凡已经有两个月的网龄了，也交了不少网友，其中，一个叫

"雨在花季"的人更是他无话不谈的好友。"雨在花季"是个十分健谈的人，像个大哥哥一样帮凡摆脱烦恼的纠缠，总能把凡低落的情绪重新拉回高潮。于是，从前那个优秀的凡又回来了。直觉告诉凡，"雨在花季"是个值得信任的人。因此，凡把自己跟父亲的心结告诉了"雨在花季"，希望他能提供一点意见。没想到，"雨在花季"却迟迟没有回应。凡慌了，难道自己说错话了？

就在凡心慌意乱的时候，屏幕上出现了一句话："凡，我也是个父亲，相信我，你的爸爸是爱你的，不要恨他……我们见面吧，有些话我觉得应该当面说更好。"凡喜出望外，飞快地敲下键盘："OK！"他早就盼着这一天了。

久旱的天空忽然飘起了雨点，但凡还是风雨无阻地按照约定的时间来到了约定的地点。站在街边，凡心焦地看着手表，心里默念着"雨在花季"的特征。时间到了，可湿漉漉的马路两边除了雨还是雨，偶尔几个行人经过，也是把脸埋在怀里往前冲。时间流逝得比雨还快，等人的滋味真不好受。雨越来越大，把凡心中的热情浇灭了："他骗我！"

就在凡准备离开时，对面有个人影疾步而来。"是他吗？"凡有点不相信自己了。黑上衣，牛仔裤……没错，是他！凡惊喜地叫出声来，快步迎了上去。忽然，凡停住了，雨伞自手中跌落——他发现，向他走过来的不是别人，正是自己曾经发誓再不理睬的爸爸。凡迟疑着，转身想跑开，但跑了几步又停下来了，慢慢把头转过来，迎着爸爸。

"小凡，其实……其实我就是'雨在花季'。"爸爸嗫嚅着，没有了以往的威严，"上次是爸爸不好，不应该骂你，应该夸奖你才对。相信我，爸爸是爱你的，能原谅爸爸吗？"

凡只觉得鼻子一酸。他抹了一下脸上的雨水——不，也许是泪水，挽住了爸爸的胳膊。于是，两张笑脸像两束灿烂的阳光，一下子照亮了阴霾的天空。久旱逢甘霖，这场雨，下得及时啊……

心灵感悟

似乎儿子天性中遗传了父亲作为男人的"尊严"，一旦关系紧张起来，便互相不肯退让，使原本可以轻松解决的问题越绕越乱，最终成为难以释怀的心灵死结。就像故事中的凡，在满心希望获得父亲认可赞扬的时

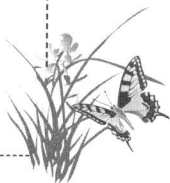

候，没想到得到的却是一句怒吼，心里的委屈和愤怒、伤心与难过都化成封闭了门窗的房间中的泪，却不知去解释去化解这场误会。每一个家庭，其实都存在着许多的矛盾，幸福的家庭之所以幸福，是因为他们懂得包容对方的错误，毕竟这些错误是因为关心与爱心犯下的，谁都没有理由不谅解。

很多时候，父亲这个角色很少言爱，可他的爱表现在为我们在下雨天找车子时。他的爱留在扶我们走在泥泞小路上。他的爱刻在我们成长的岁月里。他的爱深深铭记在我们心中。他的爱是那学费中的一叠钱票。他的爱是永远映在我脑海中的那浅浅的笑……

继父

继父是县化工厂的锅炉工。化工厂的锅炉是手烧锅炉，工人得把煤一铲铲地往炉膛里送。煤烧尽了，还得把煤渣拨出炉膛，装上车拖出去倒掉。冷天还好，到了热天，极其难熬。锅炉房太热，又不能用电扇，电扇一扇，煤灰就到处飞扬。继父常说，热得恨不得剥一层皮呢。

继父烧锅炉烧了20年，吃的煤灰太多了，肺部有了毛病，总"咳儿咳儿"地咳个不停，痰也多，黑的。

我不喜欢继父。继父太窝囊。

我也不愿意跟继父说话，好在继父是个话极少的人，一天到晚，只知道闷声不响地干活。我也从没叫过继父一声爹，继父呢，一点儿也不在乎。

为此母亲觉得欠了继父许多，继父反而安慰母亲说："没关系，孩子还小，大了，就懂事了。"

母亲对我说："永林，你就叫他爹吧，让他心里好受些……看他成天累的。"

我说："他不配。我爹早死了。"

母亲的泪水就掉下来了："算娘求你了。"

我倔强地说："不，要叫爹，我下辈子再叫。"

这年高考，我落榜了。继父要我重读一年，我不肯。我那时迷上了写小说。但写了一年小说，仅在市报上发表了两篇，千儿八百字的，混不了一口饭。我不再写小说了，却找不到工作，呆在家里，觉得度日如年。我就骑着辆自行车大街小巷到处逛。

一天傍晚，遇到一位初中同学，他请我下饭馆吃了顿饭，还喝了两瓶啤酒，然后还拿烟给我抽。以前，我可从没喝过酒抽过烟。走出饭馆同学又请我看电影。这同学也没工作，可怎么有这么多钱吃喝玩乐。同学说："活人还会被尿憋死？你想挣钱，明天再来找我。"

回家已是晚上10点了，继父同母亲竟然没睡。母亲闻到我一身的烟酒味，问到："你到哪里去了？你可千万别学坏啊。学好千日不足，学坏一日不难。"

我没好气地说："你别管我的事。"

"我不管谁管。"母亲也生气了。

"你有本事管吗？我有许多同学也没考上大学，可人家的父母有本事，都为他们找到了工作。你有这个本事吗？"

我喝多了酒，头晕乎乎的，进了房，闩上门，脸也不洗就上床睡了。

第二天，我又去找那同学玩了，又玩到晚上10点才回家。

几天后我才知道他是一个偷窃团伙的头，他很想让我加入他的团伙，我没答应。但我那时闲得无聊，成天呆在家里会发疯的。我仍旧找那位同学玩。

那天在公共汽车上，同学偷了一个钱包，猝不及防他把钱包塞进了我的口袋。失主发现了，一把攥住我。同学溜下了车，我却被送进派出所。民警了解情况后，没拘留我，但让家里去领人。

继父同母亲来了。

回到家，母亲狠狠地抽了我两巴掌，泪水却涌出了她的眼眶。在家从没有生过气的继父也气得身子发颤。他伸出抖抖索索的手，想打我，巴掌却在空中停止了，最后落在自己的脸上。

第二天上班，继父出事了。继父拉着一车煤渣下坡时摔了一跤，一只车轮从继父的腿上压过去……继父的腿压坏了，伤愈后走路得依靠拐杖了。继父笑着对我说："你现在可顶我的职了。"

我去化工厂上班的第一天，母亲酸楚地说："你今后得好好待你爸，要知道他的腿……是为了你才拐的。"

"为我拐的？"我大惑不解。

母亲点点头，已是一脸的泪水。

原来继父担心我学坏，想早点退休让我顶职。可厂里不批，按规定继父还得6年才能退休。继父问厂长："那个刘勇生跟我同龄，怎么退了？"

"他负工伤，厂里照顾他……"

"你爸就……"母亲哽咽得讲不下去了。

我进了继父的房，在继父的床前跪下，泪流满脸，说："爸爸，我，我不是人，我是个狼心狗肺的东西。"

继父挣扎着爬下床，拉我，说："起来，起来。你懂事了，你能认我这个爸爸，我就高兴，我的腿瘸了，也值。"泪水顺着他布满沧桑的脸淌下来。

我在县化工厂干了3年，厂子就倒闭了。在那珍贵的3年里，我继续在文学上摸爬滚打，发表了60余篇小说。因为这，化工厂倒闭后，我被一家文学杂志社聘为编辑，开始了新的人生。

写这篇文章时，继父已去世一周年了，但继父一跛一跛的身影又浮现眼前，我的泪淌下来，一滴滴浸湿了我的心田……

心灵感悟

作者只使用了极为平实简朴的语言去描写继父，正如继父对他的爱那样平实简朴。有没有血缘又怎样，他依然像所有的父亲一样，担心"儿子"变坏，宁愿牺牲行走自如的自由，就因为一个字——爱，深沉而又伟大的父爱！

时间可以冲淡一切，却不会冲淡父爱，反而当风霜变成皱纹爬上父亲的鬓角时，父爱却越发浓重了，不断地给养和呵护我们，培育了我们心灵深处一片开阔的精神高原。

父爱如此简单

又是一个难得的星期天，枫早早地起了身，趴在床上，准备给家里写封信。学校里又要收费了，而且数目不小。校服、校鞋、秋游，再加上这个月的伙食费，总额达到了600元。笔握在手里，却颤得厉害。枫知道，对于面朝黄土背朝天的父母来说，每一封家书就是一次告急，无奈啊！当初把儿子送到这所县重点学校已是奢侈中的奢侈，他们苦苦地在地里干啊

干，为的就是凑齐学费，但现在又……

枫不忍心再往下想，也没有了勇气，只觉得鼻子酸溜溜的，两眼湿湿的。他丢开信纸，跑出了宿舍。

天刚蒙蒙亮，秋风也异常刺骨，校园里依旧是静悄悄的。走在秋风瑟瑟的林荫道上，枫想到了暑假里接到通知书的那一刻。父亲猛抽了3天的烟，紧锁的眉未曾舒展；母亲抽抽噎噎了3天，通红的眼未曾褪色。枫呢？踌躇、矛盾、胆怯，一种强烈的求知欲、一种"我要读下去"的信念与家中的经济状况背道而驰……他困惑，他迷惘，他不知何去何从。

3天后父亲的那个决定将他送进了这所学校。他背负着沉甸甸的亲情，手捧着两颗滚烫的望子成龙的心走进了校园。父亲没说什么，只是用那双深邃的眸子望着他，简简单单地道了句："儿子，好好干！"

枫攥了攥拳头，狠狠地击了一下跟前的那棵杨树。他深知此刻的自己已是举起的竿子、过河的卒子，不能下跪！不可后退！

就这样，一封"告急书"去了老家，上头只有简单的两行字：

父亲：
本月需交费300元，加生活费300元，共600元。
我会好好干！

儿子

一周后的一大早，枫终于盼来了回音——一个鼓鼓的邮包。有点儿诧异，有点儿不安，也有点儿踏实。他风一般奔回宿舍，撕开封口，倾出"内涵"。他怔住了！眼前是一堆零钱，但他觉得那不是感性的、简单的钞票，那是一滴滴汗、一股股血凝成的一群"精灵"啊！有50元的，有10元的，有5元的，有1元的，有5角的……但没有一张是100元整的。在那堆神圣的、沉甸甸的"精灵"中，枫找到了一张小纸条，上面更简单地写着：

儿子：
好好干吧！
父亲

在这个朦胧的清早，大地还是沉睡的，太阳还是沉睡的，校园也还是

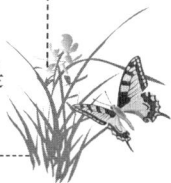

沉睡的，但枫醒着。他看到了父亲的眉、母亲的眼，也听到了那句朴实得不能再朴实、简单得不能再简单的话——"儿子，好好干！"

亲情就是如此简单，亲情就真的只是如此简单吗？

我与父亲的八年冷战

　　我从小在父亲的棍棒下长大。从14岁那年的某一天开始，父亲就再也没有打过我了。因为，那一次，父亲的一顿暴殴，让我手臂鲜血直流，我愤然离家出走了一天。第二天，我又累又饿，特想回家，就设计了一个巧合，故意让母亲找到了我。之后，我没有再跟父亲说过一句话，整整8年。

　　记不清挨了多少打，反正，打过了还是老样子，想玩儿就玩儿，哥们儿一叫就结帮打架，被老师赶出教室就整天在街上混。这些事情总是很快就败露了，所以总挨打。有时也不打，父亲用要我吃肉这种独特的方式惩罚我。虽说那时吃肉的时候并不多，但我一吃肉就条件反射式地呕吐，因此父母怀疑我那超瘦型的身材与我长期只吃青菜有关。犯了事，要是家里有肉的话，父亲就跟我谈条件，用3块肉换一棍子，不许吐，我装作不同意，每吃一块就努力地扮演很痛苦的表情。父亲就说，那就一块肉换一棍子吧，我依然表情痛苦无奈地同意了。后来我吃肉已经不反胃了，甚至觉得还有几分可口，但仍然装出很痛苦的表情，让父亲不挥舞棍子也得到惩罚我的快感，让他以为达到了教育我，又补充了我的身体营养这一"无比高明"的目的。

　　不跟父亲说话之后，他不再管我，也不打我，也不理我吃不吃肉。这时，我故意在吃饭时老夹肉吃，大口地嚼，"吧唧吧唧"的，装作吃得很

香的样子，气他。我用眼角余光偷看他的反应，开始他很吃惊，接着就面无表情，专心吃他的饭，我知道他也在装，心里肯定气得要命。可是后来他却常常三更半夜出去，天大亮才回来，回来时手里提着一点肉，让母亲做汤给我喝了才上学——原来他大半夜都在食品站排队买肉。可我依然没跟他说话。

我15岁那年考的大学，没考上像样的学校，在家门口上的学，令他这个名牌大学的毕业生感到很丢人。我们之间依然在冷战。19岁我大学毕业，工作了，虽说我们厂有3000多人，只有包括我在内的3个大学生，但我还是混，整天打麻将下围棋，不思上进。父亲还是冷着脸，我们还是不说话。21岁，我混厌了，也觉得这样下去不是个事，于是就背英语单词考研。家里不声不响地多了几本大部头的英文词典。我知道是父亲所为，我想对他表示一下，却无从开始。考研一举成功，而且是北京的一家名校。父母都很高兴，母亲买了好酒做了好菜，父亲吃了喝了，我也吃了喝了，两人也不交谈，都只跟我妈说话，也不说我考研的事。那天准备去火车站，母亲给我收拾的大包小包在地上搁着，父亲扛起就走，我只得一路小跑跟着。

他上了公共汽车，我也跟着上，他买了我们俩人的票，他下来，我也跟着下，依然没有一句话。我看着他扛着行李的高大背影，竟然有几分佝偻——我才想起来，他已经有50多岁了。在月台上，父亲放下行李，头扭向一边，眼睛看着别处，挺专心的样子。

我看着他，等他回头看我时，我就叫他爸，可他一直不回头。我发现他的两鬓居然斑白了——我不知道自己多久没有认真看过他一眼了。想想自己的忤逆，心里产生一种内疚的感觉，有一种咸咸的东西涌出眼角，我艰难地说了声："爸，您回去吧。"

父亲没有反应，没扭过头来。站台上人很多，很嘈杂，我怀疑父亲没有听见。我又说了句："爸，您回去吧。"他扭过头，看着我，那是我们8年来第一次对视，我分明看到他眼眶湿了。他点点头，两颗泪珠掉在他那厚厚的镜片上。他伸手拍拍我肩膀，没说一句话，却站着不动。我们就这样站着，没有再说一句话，一直到我上车，他从车窗外给我递完行李，还站着。我的泪止不住地往下滴，他的眼眶也一直湿着。火车开了，他还站着，一直到我看不见他。那次，他拍我的肩膀，是8年来我们第一次亲密接触。

现在父亲已经70多岁，腿脚也不灵便了。但话多，比以前任何时候都多。我回家时，我们父子俩有说不完的话，天南海北，古今中外，家长里

短，无所不谈。而我成长中的许多细枝末节，更是他津津乐道的事。

那一天，他感慨地说："那时我老打你，真不对，简单粗暴，教育方法有问题。"我说："是我不学好，打还是该的。要是黑子（我儿子小名）像我小时那样不长进，我会比你打得还凶。"父亲笑笑，说："那他会恨你。"我说："那不要紧，只要儿子学好，成才，就由他恨去吧。"我母亲就在一边笑，很欣慰地。而6岁的黑子在一旁撅嘴，哼，打我？你敢！我到法院告你去！

心灵感悟

　　一个倔强的父亲，一个倔强的儿子，各自用自己的方式惩罚、关注着对方，8年的无言，也无法割断两人的血脉情缘。儿子与父亲之间，没有母亲与女儿之间的亲密无间，无话不谈，只有男子汉的意气寡言。父子情比母女情、母子情，多了一份阳刚之气在里面。然而，阳刚之气的背后，是那份不舍不弃的关怀，父亲送站时与儿子短暂的四目相接，蕴含了一切。

　　父爱和母爱一样伟大。只不过，它比母爱更含蓄，更深沉，甚至不易察觉，但它却渗透在生活的点点滴滴里。父爱和母爱一样永不变更，它会永远陪伴着你，给你安慰，给你启迪，给你鼓励，和你一同面对困难与挑战；与你一同分享成功的喜悦。父爱，一种伟大的、无声的爱。父爱是一条河，随着血液渗入心田；父爱是一支歌，荡气回肠……

送梨

　　父亲打来几次电话了，催我回家，说是院里梨树上的梨熟了，摘点带回城里吃。其实，要不是父亲的腿跌伤了，他早送梨进城了。听父亲在电话中这样说，我总是支吾着答他，说等休息再抽空回家，可心里却想，特意回家摘梨，就像城里没有梨似的。

　　谁知，中秋节前的一天，父亲突然瘸着腿出现在家门口，还背着一只蛇皮袋。我连忙接过蛇皮袋，挺沉。父亲跟进屋来，提醒说，袋里放的是梨，轻点放，别碰伤了。一听父亲是送梨进城的，我没好气地埋怨起来：

"爸，你大老远送梨来，干吗？至少在进城前，打个电话，好让我去车站接你呀。"父亲遭我一番埋怨，愣住了，良久，才说："你……你们忙，没时间回家摘梨，我又不能看着梨长在树上坏掉呀。再说，中秋节也该用梨敬月呀。"父亲涨红了脸，表示自己进城只是为送梨来的。

妻回来了，一听说父亲特意送梨进城，她和我是同样的心情，刚要说上几句，被我使眼色阻止。不过，她还是冷冷地撂下一句："爸，你以后再这样做，我们就不管你了。知道吗？城里的大街小巷到处都有卖梨的，才3角钱一斤。"父亲被妻呛得没有言语了，仿佛自己做错了事。

或许因为我们的话伤害了父亲，中午饭，他吃得很少。我想留父亲住下，可他还是踔着走了。

回到家中，我看到餐桌上一只青翠的梨，便拿起一只，连皮也没削，一口咬下去，一股甘泉直涌心田。

几天后，我和妻回家看望父母，其实是带着一种愧疚感特意看望父亲的。到家，父亲去了屋后的田里，只有母亲在。母亲沏好茶后，我悄声地说起父亲送梨的事，又顺带怪母亲，怎么让父亲一人进城，背那么重的梨。

母亲听后，重重地叹了一口气，说："今年的梨树呀，你父亲可费了神了。他从天气预报里听说今年雨水多，一开春，就请人在梨树周围竖了4根竹篙。待梨树挂果，再逢雨天，他总是扯上塑料布替树遮雨，说是这样长熟的梨，依然保持原汁的命根子，有虫也不喷药，宁愿自己站在凳子上，踮着脚捉虫。施肥也是农家肥，说这样的梨才算是绿色食品。你爸常挂在嘴边的一句话——人老了，不能为子女做些什么，而子女对我们这么孝顺，我唯有用这树上的梨，让他们甜甜心……"

此时，我再也坐不住了，眼中早已湿热起来。走到院中，见那梨树的旁边，依然静立着竹篙。

心灵感悟

又脆又甜的梨是父亲精心培养出来的，咬一口甜梨，沁人的汁水流入心田，这个世界上再甜的梨也没有父亲送来的更有意义更有价值了。那是亲情的滋润，更是爱的滋润，让人享用不尽。

父爱将女儿举过头顶

父亲走在人群里，频频回头。我无意中触及到他的目光，心中微微一震，有什么东西缓缓流过心间，那是一份感动，浓浓的感动。

幼年时的我，举着一串冰糖葫芦，拉着父亲的衣角，怯怯地跟在他身后。走在拥挤的人群里，只见穿着各色衣裤的人凌乱的脚步，耳内满是阵阵锣鼓的喧闹。我知道人墙的那一头是好看的秧歌。于是仰起被风吹得通红的小脸望着父亲，父亲笑着捏捏我的鼻子，拉我快走几步，找个好位置站定后，将我高高举起架在脖子上。于是，我看到了划船的老人，赶毛驴的小丑，走路东摇西晃的大头娃娃……在父亲的肩上，我挥动着手臂咯咯地笑着。那时的自己像个公主，幸福地被父亲宠着，宠得心里像吃了蜜一样甜。

那毕竟是很久远的事了。如今我生活的地方已经看不到还有人扭秧歌，我也不再是那个吃着冰糖葫芦坐在父亲肩上撒娇的小女孩。于是渐渐淡忘了，淡忘了被父亲举起的那幸福的一幕，也淡忘了父亲对我的爱。女儿长大了，长大了的女儿不再用崇拜的目光望着父亲的身影，怯怯地躲在他的身后；长大了的女儿不再点着小脑袋对父亲的话言听计从；长大了的女儿有一点点固执，一点点叛逆。是啊，女儿长大了！长大了的女儿使父亲心寒，长大了的女儿使父亲感叹：女儿长大了，怎么反而不听话了呢？

小时候要上街，总摇着父亲的手臂央求他。而现在父亲说："我陪你去吧！"我却觉得他多余，满心不愿意。我从来都不知道拒绝父亲的爱会寒了他的心啊！我总以为：不再需要父亲了。无论人墙那一头是什么，我只要踮踮脚尖便可看到。父亲对于我来说还有什么呢？只有没完没了的数落和满面失望的神情。我不喜欢甚至有些讨厌父亲了，他总让我觉得一无是处。

那天父亲让我陪他出来走走。我跟在父亲身后很远，心不在焉地踢着地上的石子。父亲走几步便回头看看我。开始我还暗自笑他，后来心里有些酸酸的，我无法心安理得地被父亲的目光这般的关注着，快走几步来到父亲身旁。我是想说些什么的，但始终没有说出口。

无意间看到不远处一个小女孩坐在他父亲肩上开心地笑，一如当年的

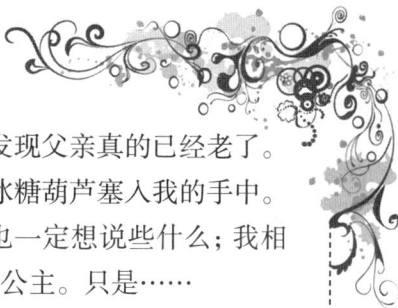

自己。想起那个冬天被父亲举起的幸福的一幕,我发现父亲真的已经老了。

父亲叹口气,自顾自地走到路边买了串鲜红的冰糖葫芦塞入我的手中。

我用模糊的双眼望着父亲。我相信,他此刻也一定想说些什么;我相信,若他举得动我,一定会举起我,让我当幸福的公主。只是……

我终于明白了,在父亲心里,他一直举着我,他永远将女儿看得比自己重要。我也知道了,只要被父亲举着,我便是幸福的!

其实,我一直是幸福的。在幸福的眼泪落下的一刻,我仿佛又看到了当年坐在父亲肩上吃着冰糖葫芦的小女孩,那咯咯的笑声久久地回荡在我和父亲的心间。

心灵感悟

　　每个女孩都是父亲的公主。在我们幼年的记忆里,父亲就像我们的山,给我们安全感;父亲又像阿拉丁神灯,能帮助我们解决大大小小的困难,满足我们大大小小的愿望。

　　当我们长大独立后,这样的日子渐渐远去,父亲那座山也越来越远,但那些往事则成为记忆中的一个个温暖的剪影,父亲给我们的幸福和安全的感觉却依然那么清晰。

拐弯处的回头

一天,弟弟在郊游时脚被尖利的石头割破,到医院包扎后,几个同学送他回家。

在家附近的巷口,弟弟碰见了爸爸。于是他一边跷起扎了绷带的脚给爸爸看,一边哭丧着脸诉苦,满以为会收获一点同情与怜爱,不料爸爸并没有安慰他,只是简单交代几句,便自己走了。

弟弟很伤心,很委屈,也很生气。他觉得爸爸"一点也不关心"他。在他大发牢骚时,有个同学笑着劝道:"别生气,大部分老爹都这样,其实他很爱你,只是不善于表达罢了。不信你看,等会儿你爸爸走到前面拐弯的地方,他一定会回头看你。"弟弟半信半疑,其他同学也很感兴趣。于是他们不约而同停了脚步,站在那儿注视着爸爸远去的背影。

爸爸依然坚定地一步一步向前走去，好像没有什么东西会让他回头……可是当他走到拐弯处，就在他侧身拐弯的刹那，好像不经意似地悄悄回过头来，很快地瞟了弟弟他们一眼，然后才消失在拐弯后面。

虽然这一切都只发生在一瞬间，但却打动了在场所有人的心，弟弟的眼睛里还闪着泪花。当弟弟把这件事告诉我时，我有一种想哭的感觉。很久以来我都在寻找一个能代表父爱的动作，现在终于找到了，那就是——拐弯处的回头。这个动作写尽了父爱的要义。

心灵感悟

在这个世界上，有些爱可以营造，唯有一种爱不同，它属于亲情，与生俱来，谁都无从选择，注定是骨肉相连，自从你来到这个世间的那一刻起，就已经是一个不可否认的事实。永远不要怀疑父亲对你的爱，他不善表达绝不是忽视你。"别生气，大部分老爹都这样，其实他很爱你，只是不善于表达罢了。不信你看，等会儿你爸爸走到前面拐弯的地方，他一定会回头看你。"这是生活中父爱的真实写照，写尽了父爱含蓄的要义。

父亲的信

起初，他是怀着焦急的心情等待父亲的来信的。第一封信，他在收发室里就迫不及待地拆开来看。父亲不识字，一看就知道信是让只上了3年小学就回家放羊的勾子写的：

"儿子：你身体好吗？工作好吗？别担心我，我的身体还好，日子也还过得去。记住，别和别人打架，别和头儿顶嘴。还有，晚上起床要披上衣服，别着凉了。爹说过了，要是你在外面惹了祸，爹就打断你的腿。父。"

这封信对他这个大学生来说，实在是短而无味，因此，刚拿到信时的兴奋转瞬间就化为失望。不过，他还是及时写了回信，向父亲说了一些小城和自己的工作情况，毕竟父亲省吃俭用供自己读完了大学，他还是十分感激的。

接到第二封信时，他开始感到父亲很无聊。因为除了把"晚上起床

要披上衣服"换成了"睡觉时不要开着窗户"外，其余和第一封信一字不差。这次他回信就拖了几天。

看完第三封信，他紧皱着眉头，脸上甚至有了不屑的神情。如他所料，这封信和上封信的不同之处，只是将"睡觉时不要开着窗户"改成了"把蚊帐挂上，有蚊子了。"他终于决定不再回信了。当然，他并不是为了节省8毛钱邮票，也不仅仅因为面对如此粗陋的来信，觉得无话可说，这其中有一个小小的秘密——信的末尾，有一句划掉的字。他经过仔细辨认，看出那是："我知道你手头紧，爹也过得紧巴巴……"这最清楚不过了：父亲想找他要钱，可是考虑到他才参加工作不久，又觉得不妥，所以让勾子把那句话删掉了。

他心中顿生怨言：乡下没有多少花钱的地方，即使日子过得紧巴，将就一下也就过去了。这里可不行，同事间的应酬自然免不了，自己也不能穿得太寒酸。到月底自己还对着干瘪的口袋发愁呢，哪还有多余的钱往家里寄呢？当然，这些话是不能对父亲说的，说了他也不一定理解。思前想后，觉得最好的办法就是既不回信，也不看信，这样眼不见心不烦，落个清静。

如今，他的抽屉里已经有二十几封没有拆看的父亲的来信。

他洗完手，擦完脸，对着镜子把头发梳理整齐，准备和女友去外面吃饭。有人敲门，是同乡小李。

"你爸给我来了封信，问你出了什么事？为什么给你写了那么多信，你一封信也没回？唉，老人家一个人在家里……"小李冷冷地说着，狠狠地瞪了他几眼，扭头就走了。

他愤愤地坐到床上，怪父亲竟然给别人写信打听自己的消息。

稍一思索，嘴角不禁露出一丝冷笑：不就是为了钱吗？写信来要钱见没有结果，急了。哼！看他找什么理由要钱！这样想着，就拿起刚收到的那封信，狠狠地把信皮撕开，当他将信纸抽出并抖开时，一张10元的人民币轻轻飘落在地上！他心一惊，连忙看信的内容，见信的末尾清楚地写着："我知道你手头紧，爹也过得紧巴巴，所以别怪爹邮的钱少。"

他发疯一样把抽屉里所有的信一一拆开。每一封信里都夹着一张10元的人民币，而信的末尾都写着那句同样的话。

　　一个让人揪心的结尾，将一片慈父情怀表现得淋漓尽致。住在农村的父亲，在每封信中都夹着一张10元钱，这10元钱，对于孩子在城里的花费来说算不上什么，可是，对于乡下的父亲却显得那么沉重。而更加沉重的，是夹在这钱中间的、浓浓的父亲对孩子的牵挂和关怀。

　　也许他的表达总是很木讷，也许他的语言近乎啰嗦，但那背后永远是伟大的爱，很少有子女能读懂其中深沉的味道。

　　父爱是一条河，流淌在我们的生命中；父爱是一棵树，芬芳在我们的记忆中……父爱是小手牵大手。他温暖的手牵着我们走过了春夏秋冬，穿过了时空岁月，经历了风风雨雨，跨越了人生轨迹。在他眼里，我们永远是需要照顾的孩子；在他心里，永远为我们留着一片爱的空间。

行走的幸福

　　一人，踽踽独行的日子里，当躯体里只剩下熟稔的苍白和恒久的空冥的时候，我背起行囊，在黑黢黢的世界里，寻找玻璃下的那棵叫"幸福"的水草。

　　坐在压抑的车厢里，窗外掉着剪不断的细丝，心里笼罩着一片沉沉的阴霾。周围的空气不断传来喧闹和嘈杂。有的人下车，有的人上车。

　　成绩单发下来了。一模的成绩，仿佛这个世界只剩下了绝望。化学老师说，对于我，他已经放弃了。我的木鱼脑袋总是弄不清铁加氧气点燃后生成的是氧化铁还是四氧化三铁。我总是固执地认为那些繁杂的化学方程式一过7月便一无是处。

　　冥冥之中，家好像就是那个囚笼，里面有母亲的唠叨和父亲的呵斥。靠在蝶的身上，我说，我不想回家。她笑了，不要这样，一切都会好的。我看得到在她眼中的那株水草。我真的无法企及？

　　父亲已经不是一座大山。我聆听得到他的生命在加速衰老。为我的担忧，为家的愁劳，他的背开始佝偻，那苍白的气息如杨花般地在空气里飘散，然后陨灭。我还在任性地拿韩寒关于"人才"的理论反驳他。他一次

又一次地被我击倒。静谧的夜晚，只剩下沉沉的叹息。

又有些人下车。留下了片刻的宁静。我百无聊赖地翻看着手中的杂志。我看到了苏童的文字，叫《父爱无言》。我的心仿佛被利刀扎了一下，滴下了几粒酸酸的柠檬汁。

不到一个星期，老师对我的变化感到惊愕。那个放荡不羁、桀骜不驯的孩子好像被哈利·波特的魔棒带到了另一个世界。如今只剩下了乖顺、刻苦和认真。这仿佛是在一幅画中抹上一片突兀的白色，很不和谐。我没有在意别人对我态度的改变，孜孜不倦地攻克一个个难关。我就像那只渴望飞越太平洋的小鸟。我期待着奇迹。

曾几何时，我看到了父亲脸上掠过的一抹阳光。我开始幸福地发笑。尽管食指上晶亮的茧隐隐作痛，上下眼皮似乎少了一根支持的杆，可是，我看到他眼眶中渐渐消逝的忧伤，仿佛一株苍翠欲滴的水草在舞动一棵曾经远在天涯的水草。

车，还在行走，行走。雨势开始变小。又有人上车，他的手里握着一朵桅子，洁白无瑕的。恍惚中，我听到阳光洒进来的声音，很空灵的。

二模结束了，我拿了年级第一，让所有的人都瞠目结舌。那不是稀里糊涂捞来的，我知道。蝶还是朝我笑，她说，你做到了。

一到家，父亲安详地坐在躺椅里。从他那仿佛落满杨花般的脸上，我感受得到他的骄傲。他的嘴唇微微抖动，他说，辛苦你了，孩子。谢谢。我的脸上绽开如撕裂朝阳般的笑。我清楚地看到了那株水草的倩影。还有，父亲的眼里也有。

我习惯地翻开日记本，写道：

看着自己喜欢的人幸福才是自己真正的幸福，

尽管这种幸福会使你流泪，

甚至心痛。

用我的心痛来成全你的幸福，

愿你真能比我幸福。

泪水肆意地流淌，浸润我的衣襟。

车还在前进。

我找到了那棵玻璃下的叫"幸福"的水草，并且带着她，行走、行走……

　　关于父爱，人们的发言一向是节制而平和的。人们常常提的是母爱，母爱的确是伟大的，因而，正是这个伟大，往往使我们忽略了父爱的存在和意义，但是对于许多人来说，父爱一直以特有的沉静的方式影响着他们。父爱怪就怪在这里，它是羞于表达的，疏于张扬的，却巍峨持重，所以有人说，父爱如山。

　　相对于父亲而言，孩子就像一棵草，父亲用他自己的血肉之躯腐朽在我们的根下，让我们茁壮成长；我们所有脚下走过的路，每条路上都有父亲用身体铺就的碎石，我们才能走得更加踏实；我们所能看到高处的风景，那也是站在父亲的肩头才能看到的。

　　父与子之间的亲情，是一条金丝带，让心相拥，让爱汇集。那深沉的父爱，从根本上说，就是对自己生命的延续的全身心呵护！

被摔碎的心

　　灾难，在我未出生的时候就已经开始了。

　　我出生的时候就与众不同，苍白的脸色和淡淡蓝色的眉毛让一些亲朋纷纷劝慰我的父母，将我遗弃或者送人。但我的父母却坚定着我是他们的骨肉，是他们的宝贝，用丝毫不逊色的爱呵护着我，疼爱着我。

　　我5岁大的时候，深藏在我身体内的病魔终于狰狞着扑向我，扑向我的父母。在一场突然而至的将近40度的高烧中，我呼吸困难、手脚抽搐，经医生的极力抢救，虽然脱险了，但也被确诊患有一种医学上称之为"法乐氏四联症"的先天性心脏病，这是目前世界上病情最复杂、危险程度最高、随时都可能停止呼吸和心脏跳动的顽症。

　　我在父母的带领下开始了国内各大医院的求医问诊，开始了整日鼻孔插导管的生活。我的父母仿佛一下子都苍老了许多，但他们丝毫没有向病魔低头的意思，他们执拗地相信着奇迹会在我身上发生。很快，家里能够变卖的都变卖了。小时候的我很天真，问母亲，为什么我的鼻子里总要插着管子，母亲告诉我，因为我得了很怪的感冒病，很快就会好的。

就这样，我到了上学的年龄，我的"感冒"依然没有好，父亲将我送进了学校。我喜欢那里，那里有很多的小伙伴，还有许多的故事和童话，最重要的是，那里没有医院的气味。

虽然因为身体虚弱，坐的时间稍久，我的胸里就会闷得十分难受，我只好蹲在座位上听课、看书、写作业……偶尔在课堂上发病，我就用一只手拼命地去掐另一只胳膊，好不让自己因为痛苦而发出喊叫，我要做一个强者。尽管我常常会昏厥在课堂上，但临近小学毕业的时候，我家里的墙壁上已经挂满了我获得的各种奖状。

16岁那年的暑假，我又一次住进了北京的一家医院，我终于从病历卡上知道了自己患的是一种几近绝症的病。

死亡的恐惧是不是能够摧垮一切呢？

那天晚上，父亲依然像以往一样，将我喜欢的饭菜买来，摆放在我床头的柜子上，将筷子递给我："快吃吧，都是你喜欢吃的……"我克制着自己的平静，可绝望还是疯狂地撕扯起我来，我放声哭了起来。

哭声中我哽咽着问父亲："你们为什么一直在骗我？为什么……"

父亲在我的哭问中愣怔着，突然背转过身去，肩膀不停地抖动起来……

接下来的整整3个夜晚，我都是在失眠中度过的。

第四天清早，我将自己打扮整齐，趁没有人注意，悄悄溜出了医院。我知道，医院不远处有一家农药店，我要去那里买能够了结我生命的药物。我可以承受病魔的蹂躏，但我无法忍受父母被灾难的折磨。而我唯一能够帮助父母的，似乎只有杀掉病魔，而我能够杀掉病魔的唯一方法就是结束我的生命。

就在我和老板讨价还价的时候，父亲从门外奔了进来，一把抱住我，我什么都看不到了，只感觉到父亲浑身都在颤抖着，我知道，父亲一定是在哭泣，在落泪……

那一晚，家里一片呜咽，而父亲却没有再掉泪。他只是在一片泪水的汪洋中，镇静地告诉我："我们可以承受再大的灾难，却无法接受你无视生命的轻薄。"

因为爱父母，我想选择死亡；而父母却告诉我，爱他们就应该把生命坚持下来。

3天后，在市区那条行人如织的街道旁，父亲破衣褴褛地跪在那里，脖子上挂着一块牌子，牌子上写着："……我的女儿得了一种绝症，她的心

脏随时都可能停止跳动，善良的人们，希望你们能施舍出你们的爱心，帮助我的女儿走过死亡，毕竟她还只有16岁啊……"我是在听到邻居说父亲去跪乞后找过去的。

当时，父亲的身边围着一圈的人。人们看着那牌子，窃窃议论着，有人说是骗子在骗钱，有人就吐痰到父亲身上……父亲一直垂着头，一声不吭。我分开人群，扑到父亲身上，抱住父亲，泪水又一次掉了下来……

父亲在我的哀求中不再去跪乞，他开始拼命地去做一些危险性比较高的工作。他说，那些工作的薪水高，他要积攒给我做心脏移植的手术费用。心脏移植，这似乎是延续我生命健康成长的唯一办法。但移植心脏就意味着在挽救一个人生命的同时，结束另一个人的生命啊！哪里会有心脏可供移植。可看着父亲坚定的眼神，我不敢说什么，也许，这是支撑他的希望，就让他希望下去吧！我能给父亲的安慰似乎只有默默地承受着他的疼爱。

直到有一天，我在整理房间的时候，从父亲的衣兜里发现了一份人身意外伤亡保险单和他写的一封信。那是一份给有关公证部门的信件，大意是说，他自愿将心脏移植给我！一切法律上的问题都和其他人没有任何关系……

原来，他是在有意接触高危工作，是在策划着用自己的死亡换我的生存啊！

我一个字都说不出来，只有泪滂沱而落。那天晚上，我和父亲聊天到很久，我回忆了自己这些年和病魔拔河的艰难，更多的是我从他和母亲身上领略到的温暖和爱。我告诉父亲："生命不在长短，要看质量，我得到太多太多来自您和妈妈给的爱了，就是现在离开这个世界，我也会很幸福地离开……"

父亲无语。

星月无语。

一天，我从学校回来，不见父亲，就问母亲。母亲告诉我："你爸爸去公证处去公证，想要把他的心移植给你，表示他是自愿的，和任何人都没有关系。可这是要死人的事情，公证处的工作人员没有受理，他又去医院问医生去了……"

母亲说着，掉着泪。我的心就揪扯着疼了起来。我知道，那是因为父亲太重的爱挤压的疼痛。而我能做的，却只能是听任父亲。

那天晚上，父亲一脸灰暗地回来了。我看得出，一定是医生也不同意他的想法。

父亲不再去咨询什么移植的事情，开始垂头工作了。只是，依然是那些危险性很高的工作。我渴望生命的延续，但我更渴望父亲的鲜活。我的心里多少有了些安慰，以为一切都会在自然中继续下去。

7个月后的一天，我将近40岁的父亲在一处建筑工地抬玉石板的时候，和他的另一个工友双双从5楼坠下。我赶到医院的时候，父亲已经没有了呼吸。听送他到医院的一些工友们讲，父亲坠下后，双手捂在胸口前……我知道，父亲在灾难和死亡突至的刹那，还惦挂着我，还在保护着他的心脏，因为，那是一颗他渴望移植给我的心脏！而原因，只是因为我是他的女儿。

父亲的心脏最终没有能够移植给我,因为那颗心脏在坠楼后被摔碎了。

心灵感悟

父母能够为孩子做什么？创造良好的家庭条件，提供优越的教育环境，锦衣玉食，邀月摘星，捧在手头怕摔了，含在嘴里怕化了……天下的父母大抵如此，他们愿意为孩子奉献自己的一切！在他们身上，我们看到了令天地动容的光辉。

哑父

辽宁北部有一个中等城市——铁岭，在铁岭工人街街头，几乎每天清晨或傍晚，你都可以看到一个老头儿推着豆腐车慢慢走着，车上的蓄电池喇叭发出清脆的女声："卖豆腐，正宗的卤水豆腐！豆腐咧——"

那声音是我的。那个老头儿，是我的爸爸。爸爸是个哑巴。直到二十几岁的今天，我才有勇气把自己的声音放在爸爸的豆腐车上，替换下他手里摇了几十年的铜铃铛。

两三岁时我就懂得了有一个哑巴爸爸是多么的屈辱，因此我从小就恨他。当我看到有的小孩儿被妈妈使唤着过来买豆腐却拿起豆腐不给钱不给豆儿就跑，爸爸伸直脖子也喊不出声的时候，我不会像大哥一样追上那孩

子揍两拳，我伤心地看着那情景，不吱一声，我不恨那孩子，只恨爸爸是个哑巴。

尽管我的两个哥哥每次帮我梳头都疼得我龇牙咧嘴，我也还是坚持不再让爸爸给我扎小辫儿了。妈妈去世的时候没有留下大幅遗像，只有出嫁前和邻居阿姨的一张合影，黑白的二寸片儿，爸爸被我冷淡的时候就翻过支架方镜的背面看照片，直看到必须做活儿了，才默默地离去。最可气的是别的孩子叫我"哑巴老三"（我在家中排行老三），骂不过他们的时候，我会跑回家去，对着正在磨豆腐的爸爸在地上画一个圈儿，中间唾上一口唾沫，虽然我不明白这究竟是什么意思，但别的孩子骂我的时候就这样做，我想，这大概是骂哑巴的最恶毒的表示了。

第一次这样骂爸爸的时候，爸爸停下手里的活儿，呆呆地看我好久，泪水像河一样淌下来。我是很少看到他哭的，但是那天他躲在豆腐坊里哭了一晚上。那是一种无声的悲泣。

因为爸爸的眼泪，我似乎终于为自己的屈辱找到了出口，以致以后的日子里，我会经常跑到他的跟前去，骂他，然后自顾自走开，剩他一个人发一阵子呆。只是后来他已不再流泪，他会把瘦小的身子缩成更小的一团，偎在磨杆上或磨盘旁边，显出更让我瞧不起的丑陋样子。

我要好好念书，上大学，离开这个人人都知道我爸爸是个哑巴的小村子！这是当时我最大的愿望。我不知道哥哥们是如何相继成了家；不知道爸爸的豆腐坊里又换了几根新磨杆；不知道冬来夏至那磨得没了沿锋的铜铃铛响过多少村村寨寨……只知道仇恨般地对待自己，发疯地读书。

我终于考上了大学，爸爸头一次穿上1979年姑姑为他缝制的蓝褂子，坐在1992年初秋傍晚的灯下，表情喜悦而郑重地把一堆还残留着豆腐腥气的钞票送到我手上，嘴里哇啦哇啦不停地"说"着，我茫然地听着他的热切和骄傲，茫然地看他带着满足的笑容去通知亲戚邻居。当我看到他领着二叔和哥哥们把他精心饲养了两年的大肥猪拉出来宰杀掉，请遍父老乡亲庆贺我上大学的时候，不知道是什么碰到了我坚硬的心弦，我哭了。

吃饭的时候，我当着大伙儿的面儿给爸爸夹上几块猪肉，我流着眼泪叫着："爸，爸，你吃肉。"爸爸听不到，但他知道了我的意思，眼睛里放出从未有过的光亮，泪水和着散装高粱酒大口地喝下，再吃上女儿夹过来的肉，我的爸爸，他是真的醉了，他的脸那么红，腰杆儿那么直，手语打得那么潇洒！要知道，18年啊，18年，他从来没见过我对着他喊"爸爸"

的口型啊！

爸爸继续辛苦地做着豆腐，用带着豆腐淡淡腥气的钞票供我读完了大学。1996年，我毕业分配回到了距我乡下老家40华里的铁岭。

安顿好了以后，我去接一直单独生活的爸爸来城里享受女儿迟来的亲情，可就在我坐着出租车回乡的途中，车出了事故。

我从大嫂那里知道了出事后的一切——过路的人中有人认出这是老涂家的三丫头，于是腿脚麻利的大哥、二哥、大嫂、二嫂都来了，看着浑身是血不省人事的我哭成一团，乱了阵脚。最后赶来的爸爸拨开人群，抱起已被人们断定必死无疑的我，拦住路旁一辆大汽车，他用腿支着我的身体，腾出手来从衣袋里摸出一大把卖豆腐的零钱塞到司机手里，然后不停地划着十字，请求司机把我送到医院抢救。嫂子说，一生懦弱的爸爸，那个时候，显出无比的坚强和力量！

在认真地清理了伤口之后，医生让我转院，并暗示哥哥们，我已没有抢救价值，因为当时的我，几乎量不到血压，脑袋被撞得像个瘪葫芦。

爸爸扯碎了大哥绝望之际为我买来的丧衣，指着自己的眼睛，伸出大拇指，比划着自己的太阳穴，又伸出两个手指指指我，再伸出大拇指，摇摇手，闭闭眼，那意思是说："你们不要哭，我都没哭，你们更不要哭，你妹妹不会死的，她才20多岁，她一定行的，我们一定能救活她！"

医生仍然表示无能为力，他让大哥对爸爸"说"："这姑娘没救了，即使要救，也要花好多好多的钱，就算花了好多钱，也不一定能行。"

爸爸一下子跪在地上，又马上站起来，指指我，高高扬扬手，再做着种地、喂猪、割草、推磨杆的姿势，然后掏出已经空的衣袋儿，再伸出两只手反反正正地比划着，那意思是说："求求你们了，救救我女儿，我女儿有出息，了不起，你们一定要救她。我会挣钱交医药费的，我会喂猪、种地、磨豆腐，我有钱，我现在就有4000块钱。"

医生握住他的手，摇摇头，表示这4000块钱是远远不够的。爸爸急了，他指指哥哥嫂子，紧紧握起拳头，表示："我还有他们，我们一起努力，我们能做到。"见医生不语，他又指指屋顶，低头跺跺脚，把双手合起放在头右侧，闭上眼，表示："我有房子，可以卖，我可以睡在地上，就算是倾家荡产，我也要我女儿活过来。"又指指医生的心口，把双手放平，表示："医生，请你放心，我们不会赖账的。钱，我们会想办法。"

大哥把爸爸的手语哭着翻译给医生，不等译完，医生已是泪流满面——

父亲那疾速的手势，深切而准确的表达，谁见了都会泪下！

医生又说："即使做了手术，也不一定能救好，万一下不来手术台……"

爸爸肯定地一拍衣袋，再手拍一下胸口，意思是说："你们尽力抢救，即使不行，钱一样不少给，我没有怨言。"

伟大的父爱，不仅支撑着我的生命，也支撑起医生抢救我的信心和决心。我被推上手术台。

爸爸守在手术室外，他不安地在走廊里来回走动，竟然磨穿了鞋底！他没有掉一滴眼泪，却在守候的十几个小时间起了满嘴大泡！他不停地混乱地做出拜佛、祈求天主的动作，恳求上苍给女儿生命！

天也动容！我竟然活了下来。但半个月的时间里，我昏迷着，对爸爸的爱没有任何感应。

面对已成"植物人"的我，人们都已失去信心。只有爸爸，他守在我的床边，坚定地等我醒来。他粗糙的手小心地为我按摩着，他不会发音的嗓子一个劲儿地对着我哇啦哇啦地呼唤着，他是在叫："云丫头，你醒醒，云丫头，爸爸在等你喝新出的豆浆！"

为了让医生护士们对我好，爸爸趁哥哥换他陪床的空档，做了一大盘热腾腾的水豆腐，几乎送遍了外科所有医护人员，尽管医院有规定不准收病人的东西，但面对如此质朴而真诚的表达和请求，他们轻轻接过去。爸爸便满足了，便更有信心了。他对他们比划着说："你们是大好人，我相信你们一定能治好我的女儿！"这期间，为了筹齐医疗费，爸爸走遍他卖过豆腐的每一个村子，他用他半生的忠厚和善良赢得了足以让他的女儿穿过生死线的支持，乡亲们纷纷拿出钱来，而父亲也毫不马虎，用记豆腐账的铅笔歪歪扭扭却认认真真地记下来：张三柱，20元；李刚，100元；王大嫂，65元……

半个月后的一个清晨，我终于睁开了眼睛，我看到一个瘦得脱了形的老头。他张大嘴巴，因为看到我醒来而惊喜地哇啦哇啦大声叫着，满头白发很快被激动的汗水濡湿。爸爸，我那半个月前还黑着头发的爸爸，仅半个月，便似老了20年！

我剃光的头发慢慢长出来了，爸爸抚摩着我的头，慈祥地笑着，曾经，这种抚摩对他而言是多么奢侈的享受啊。

等到半年后我的头发勉勉强强能扎成小刷子的时候，我牵过爸爸的手，让他为我梳头，爸爸变得笨拙了，他一丝一缕地梳着，却半天也梳不出他满意的样子来。

我就这样扎着乱乱的小刷子坐上爸爸的豆腐车改成的小推车上街去。有一次爸爸停下来，转到我面前，做出抱我的姿势，又做个抛的动作，然后捻手指表示在点钱，原来他要把我当豆腐来卖！我故意捂住脸哭，爸爸就无声地笑起来，隔着手指缝儿看他，他笑得蹲在地上。这个游戏，一直玩儿到我能够站起来走路为止。

现在，除了偶尔的头疼外，我看上去十分健康。爸爸因此得意不已！我们一起努力还完了欠债，爸爸也搬到城里和我一起住了，只是他勤劳了一生，实在闲不下来，我就在附近为他租了一间小棚屋做豆腐坊。爸爸做的豆腐，香香嫩嫩的，块儿又大，大家都愿意吃。我给他的豆腐车装上蓄电池的喇叭，尽管爸爸听不到我清脆的叫卖声，但他是知道的，每当他按下按钮，他就会昂起头来，满脸的幸福和知足，对我当年的歧视竟然没有丝毫的记恨，以至于我都不忍向他忏悔了。

我经常想：人间充满了爱的交响，我们倾听、表达、感受、震撼，然而我的哑巴父亲却让我懂得，其实，最大的音乐是无声，那是不可怀疑的力量，把我对爱的理解送到至高处。

心灵感悟

父爱无声，这四个字是对这篇文章最好的诠释。面对女儿的怨恨，爸爸不能用言语表达自己的想法，只能用泪水来表示自己的难过和痛苦，以这种无声的悲泣来发泄心中的忧伤。世上有无数如此伟大的父亲，包容着儿女的无知与残忍，同时又竭尽全力、倾其所有地为儿女付出。

这沉默的父爱，是一种爱的积淀，让人为之动容，就连死神都望而却步，不忍来临。这种爱虽说是默默的，是无声的，但它是伟大的，是不求回报的，是无价的！

冷冰冰的继父

穷山沟里的娃娃常青把大学录取通知单看了两遍，又塞回到枕底。大学对他来说似乎是个无法实现的梦，母亲在外屋操持着什么，这些天母亲明显得憔悴了，那是愁的啊！唉……母亲的叹息声，隔着薄薄的门帘传了

进来，常青知道，她在等继父的消息。

这些天来，母亲一直在为常青借学费，可每次都是失望而归。在这个十年九旱的山旮旯里，"穷"就像一个永远无法摆脱的梦魇，借钱谈何容易。常青实在不忍心母亲天天去求人，早上他对母亲说，他不想上大学了，明天要上城里打工去。母亲愣怔了一下，就眼巴巴地望着继父。继父停下手里的活儿，说："午饭别等我，你们吃。"背着手走了。

对继父，常青不抱什么希望，因为这些天，继父对他上大学的反应就像他手里摆弄的石头，冷冰冰的。常青是15岁那年，随母亲嫁过来的，他知道母亲之所以嫁给这个男人，就是想让他继续读书，好有出息。这使常青心里常常有种含屈受辱的感觉，甚至对继父也有种连他自己都说不清楚的敌意。从那时起常青就抱定一个念头，读书，有出息后把母亲接出去。平日常青住校，只有放寒暑假才回家住上一阵子，面对这个黑瘦、沉默寡言的男人，他的心也像一块石头一样，冷冰冰的。

起风了，狗叫了，院门咣啷一响，传来熟悉的脚步声，继父回来了。常青下意识地直起了耳朵。"回来了？"母亲问。"哎。""吃了没？""没。"接着是碗筷的声音，"这是5000元，给娃上学用吧。""找谁借的？"母亲惊喜地问。"矿上，我找他们一说，他们挺痛快，就借了。""他叔，这钱咱不能借，快给人送回去。""咋送，字据都立了，干半年，也值。""他叔，我们娘儿俩不值得你这样，常青爹，就是死在那儿的。"母亲哭了。常青用被子蒙住了头，泪水涌了出来。

第二天一大早，常青和继父出了家门，继父在前，他在后。5里外是个岔路口，继父要从另一条路到矿上去。继父停下说："出门在外，照顾好自个儿，安顿好，给你娘来封信，别让她惦着。"常青也很想说句你也多保重之类的话，可话到嘴边，却都没说出来。继父冲他挥挥手就顺着山坡走下去了。常青突然觉得他的背驼得好厉害。

常青走出了一段路，无意回望了一眼，却见继父竟站在他们分手的地方一动不动地望着他。常青的眼睛就模糊了，他忙回头，用衣袖狠狠地抹了一下，加快了脚步。

常青到校，第一天就给家里写了封信，开头他写道：爸妈，天气凉了，两老多保重身体……

长期以来，在世人眼中"继父"、"继母"成了尖酸刻薄的代名词，成了冷漠无情的同位语。也难怪，对于一个对婚姻不负责任的人，一个不能从一而终的爱情背叛者，谁会相信他能对不是自己亲生骨肉的孩子尽到做父为母的责任，但是世上就是有这样的"傻子"，他们愿意顶着别人乃至自己孩子鄙视甚至敌视的目光，将这继父的责任与爱进行得令人心痛。

不是只有亲生父母才会对子女们有爱，有时，那继父继母养父养母的爱一样实在得可以摸到看见，感人肺腑，催人泪下。那爱不是血缘胜过血缘，那爱是这般深沉真切，是这般沉重有力，在那爱的德泽之处，冰川也因它的热情而流下了眼泪。

劳动节的300块钱

爹一共来过我的学校两次，两次都让我丢尽了脸面。

第一次，爹送我报到，走到大学校门口突然停了下来，把行李从左边的肩膀换到右边，咳嗽一声，往地上重重地吐了一口痰，用他山里人的嗓门儿冲我吼道："老丫头，给爹念念，这木牌子上写的啥玩意儿？"我看见好多道含义复杂的目光，全都落在我和爹的身上，好像我们是怪物。这些目光烤得我脸红心跳，我跺跺脚，没理爹，快步跑进了校园。

爹根本没有发现我已经不高兴，迈着大步，"咚咚咚"地从后面追上来。走向宿舍的一路上，爹非常兴奋，只要遇到人，不管人家理没理他，他都扯着嗓门儿，用手指着身边的我，自豪地说："她是我的老丫头，从小就是学习的材料，所以考上了大学。"最后，我实在忍不住，带着怨气喊了一声："爹！"爹却不以为然，在宿舍里，对同学们又将我介绍了一遍。然后，爹卷一支旱烟，心满意足地吸两口，又补充道："俺家老丫头是个要强的孩子，这回小家伙有了大出息！"

爹第二次来是在一年前的"五一"前夕，同宿舍的姐妹们正在议论"黄金周"的假期，计划着去哪里旅游，爹没有敲门，"咣当"一声推开宿

舍门就闯了进来。惹得姐妹们顿时一阵惊呼，慌做一团——天气热，她们都穿得很少。爹一点儿也没意识到，一进门就喊我："老丫头，我带的山野菜你吃没吃完？你妈让我给你再送一袋子。"我看看姐妹们，再看看爹，脸上一阵发烧。爹打开口袋，用手从袋子里捧出一把把野菜，自作主张地放在姐妹们的床上，还不厌其烦地说："菜已经用盐腌好了，拿热水泡一泡，就能下饭吃。"

爹送完了礼物，卷一支旱烟，毫不理会姐妹们捂住了鼻子和嘴，坐在我的床上有滋有味地吸了几口后，听见姐妹们说"黄金周"旅游的事。他站起身问她们："'黄金周'是什么意思？"

一个姐妹憋住笑告诉他："'黄金周'就是7天的长假，可以不用上课。"爹就更加纳闷儿，问："好端端地，学校为啥要放长假？"那个姐妹轻声地笑了，另有两个姐妹也笑出了声。

一个姐妹忍住笑说："因为是'五一'劳动节，所以学校才放假。"

爹又问："'劳动节'是什么节？"

我无法忍受爹再这样问下去，抢着告诉他："'劳动节'就是全世界劳动者的节日，也叫'五一'节。"

爹似乎明白了，点着头，反复念叨着"劳动节"和"五一"，从嘴里吐出一口浓浓的烟，突然又问："劳动者是些啥人呢，谁答应让他们过节的？"

爹说完这句话后，宿舍里的姐妹们再也忍不住，一齐发出了响亮的笑声。爹也咧开嘴笑了笑，摸着自己的脑袋问我："老丫头，那个'劳动节'——'五一'是几号？"我羞愧得满脸通红，眼泪就流了下来。爹没看到我的泪水，又接着问姐妹们："旅一次游得花多少钱？"

爹离开学校5天后，我收到了他寄来的300元钱，在附言里写着"旅游"两个字。半个月后，我收到了爹的信。爹不识字，信是我的小学老师代写的。在信里，爹问我寄的钱是否收到。爹还说："爹的老丫头和别人比，不缺啥也不少啥，人家去旅游，你也得去旅游，钱可能不太够，找便宜的地方去旅游吧。"在信里，爹还说他知道了"五一"是5月1日，他还知道了，原来自己也是一个劳动者。最后，爹让我放心去旅游，不用惦念家里。在信纸的背面还写着一句话：祝老丫头"劳动节"快乐！

我没想到暑假回到家时，竟然看见爹瘸了一条腿。爹看见我有些慌张，咧开嘴笑了笑，响亮地冲着屋子里喊："她娘，赶紧杀鸡，咱们的老丫头回来了！"

娘告诉我，爹的腿是在崖上采山野菜时摔的，那崖很陡，但长的野菜很新鲜，一看就知道能卖好价钱。娘还说："你爹盼着多采些野菜，好快点还上那300元钱的债！"

爹从此再也没来过我所在的学校。

心灵感悟

相比起父母，儿女们总是自私的。我们常常在境遇的改变下变得过于敏感，有时为了维护自己骄傲的自尊不惜践踏父母的尊严。然而，在他们伤心过后，从不与我们计较，仍然一心一意地对我们好。

他们也许不知道"五一"是什么，也许有很多陋习，也许让你"拿不出手"，但他们却是世界上唯一对你好却不计回报，真心真意的人！

父亲的眼泪

在我30岁之前，从没有看到过父亲的眼泪。

父亲当了一辈子司机，没有什么文化，在我的印象中，父亲是一个天性极其乐观的人。记得在我年幼那段家境贫寒的日子里，父亲以他最朴素的方式给了我最快乐的童年。从小到大，父亲从来没有打骂过我，在童年的记忆中，虽然没有好玩的玩具、没有难忘的美味、甚至没有可以买东西的零用钱，但是，我依旧认为我是一个快乐的孩子！

父亲用他朴素的道理和方法使他的孩子多年后依旧能够记得这样的情景：在青草蔓延的春天，父亲和我跑遍了前山后山去捉蚱蜢；在温风习习的午后，父亲和我趟在清澈的河流中用自己编织的渔网逮鱼；在白雪皑皑的冬季，父亲和我用一根拴了线的树枝支起了竹箩筐，藏在大树后，守株待兔地等待着林中小鸟的自投罗网……

父亲用他的方式宠着我——他经常开着工厂里的大卡车，背着母亲鼓励我逃学，让我坐在他旁边副驾驶的座位上，拉着我到处跑。我最感激父亲的一件事，是父亲有一次出公差跑长途从家乡东北前去千里之外的湖南长沙，他居然说服了母亲，一起对学校老师撒了谎，给我请了两个月的假期，用他的大卡车载着我走遍了大江南北、黄河两岸，在我幼小的心灵里

留下了难以泯灭的美好回忆,那时候,我上小学四年级。

我们家那些年过得很清苦,父母几乎是吃着腌咸菜,勒着裤腰带供着我念完了初中、高中、大学……但是,他们从来没有怨言,在我的记忆中,父亲是一个生性达观而且脾气非常好的慈祥男人。30岁之前,我从没有看到过父亲流眼泪。

我30岁的时候,已经不负父母的期望,在北京奋斗了整6年:拥有了北京户口、拿到了硕士学位、用工作3年的积蓄做首付款订购了一处非常不错的住房,一切的一切,意味着我已经远离了那个北方小城市中落后的城乡结合地带——那个生我养我的地方,融入了首都的生活秩序当中,过上了倾心已久的"体面人"的生活。

父母的高兴是不言自明的,虽然这些年他们已经没有什么钱来接济我——他们所在的单位是东北的破产企业,开工资和养老保险都成了问题——但是他们总会用自己的方式来帮助我。

房子入住装修的时候,我花掉了几乎所有的积蓄,因为装修款少得可怜,因此我不得不自己一点点买材料来节省每一元钱。年迈的父亲当然责无旁贷,他和母亲一起来北京和我分担装修进度中的每一个微小的困难。从一块瓷砖到每一根钉子,父亲在那两个月里跑细了腿,人一下子瘦了许多。

在父母的帮助下,我的新房用很少的钱顺利装完了,最后几天房间通风放气味,父亲坚持留守新房,帮我处理收尾工作,母亲则和我住在租用的临时住所里。

那天晚上后半夜,我的手机突然响个不停,我一接电话,是小区物业中心,一个人气急败坏地说:"你们家跑水了,把楼下邻居和电梯都给淹了,快过来处理后果吧。"

来到新房,我看见了父亲的神色沮丧到了极点,他不停地嘟囔:"都怪我,睡觉太死,连试水的声音都没听见。"我看见了他布满血丝的眼睛,心里一阵酸楚。我知道,父亲是太累了,他累得睡下了就醒不来,这都是为了给我装修房子才累成这个样子的啊!

邻居还算通情达理,在我不断道歉后接受了我一点点赔款,算是了事。可是小区的物业公司带给了我们一个糟糕的消息,因为我们家的水把新装的三菱电梯给淹了,电梯已经无法正常运转了。物业公司的工作人员说,你们做好赔款的准备吧!父亲战战兢兢地问大概要赔多少,物业人员

说要看检修程度，估计怎么也要上万元了。

天啊！上万元！当时对于我来说无疑是一个天文数字，是一次最最严重的雪上加霜。那天我们一家人都整夜未眠。我唉声叹气一句话也说不出来，母亲不停地埋怨着父亲，父亲把头埋得很深，一整夜不停地抽烟。

第二天，我和父亲去找物业公司的领导，在路上父亲不停对我说，这是他的责任造成的，他去给物业作解释，他想办法处理。我心里很不以为然，想着父亲根本没有办法处理这么棘手的问题，最后还要我来花大钱收拾这个烂摊子，感觉到自己的命运真的很苦。

来到物业中心，他们的领导对我们鼻子不是鼻子脸不是脸，父亲结结巴巴地解释他们根本就没有听进去。

我对那个领导说，希望您高抬贵手，体谅一下我们的不容易。那个领导没有好气地说："大家都不容易，谁体谅谁呀？我看还是公事公办！"，我再一次陷入绝望的心情，突然，父亲走到那个领导面前，一下子抓住了那个领导的手，用干涩的声音说："求求您了！孩子在北京能有今天不容易啊！我们真的是穷人！您不要让他多赔了，他赔不起啊！这都是我的责任，不是孩子的责任！"

父亲的说话声虽然很大，但时断时续，声音哽咽。父亲对那个领导说："求求您了！我给您鞠躬了！"

我和那个领导都呆住了，父亲深深地鞠下身去，身体不断起伏晃动，当父亲再一次抬起他那布满了花白头发的头，我分明看见父亲的双眼里噙满了泪水。

在我惊呆之际，父亲老泪纵横地对那个物业公司的领导说："孩子真的不容易！您千万别难为他！如果您帮了他，我怎么报答您都行，现在……我给您跪下了！"

我撕心裂肺地喊出声来："爸——"

我一把抓住正欲下跪的父亲，大声地喊出声来："爸——你别这样！不管赔多少钱，你的儿子，都赔得起——"泪水溢出了我的眼眶，顺着我的面颊流淌下来。

父亲一时间竟无法说出话来，只在那里不停抽泣。突然，父亲把他布满了花白头发的头倚在了我的肩上……

那一刻，我泪如雨下。

青春励志

感恩

——那超越生命的爱

> 每个人成长的记忆里都会有几次对父亲的感动泪如雨下的时候，那是一种深深的愧疚，一种醍醐灌顶的醒悟。树欲静而风不止，子欲养成亲不待。切莫等到失去的时候再想回报，抓住现在的机会，去对那个爱你的老父亲表示你的爱吧。

看不见的父爱

父亲重男轻女，这种印象在我幼小的心灵里就根深蒂固了。

从小到大，我总是捡哥哥的旧衣服穿，一个丫头穿着哥哥又旧又大的衣服，心里总是很别扭。放学的时候，我总是磨磨蹭蹭地走在最后，生怕被哪个小伙伴逮住，讥笑我是假小子。

哥哥是个瘸子，比我大5岁。我虽是个姑娘家，但学习很用功，每次考试都拿第一。按理说，父亲疼爱的应该是我。为此，我总是很不服气，总认为父亲偏心。有一次过年的时候，父亲又给哥哥添置了新衣，而我却一无所有。我终于忍无可忍，冲着父亲大喊："你偏心！我真不明白，他一个瘸子，穿得再好又能怎么样！"父亲怒不可遏，扬手给了我一个脆生生的耳光。我不屈地昂着头，仿佛是一只被激怒的小狮子，朝父亲大声咆哮："我知道你看不起我，你打呀！干脆打死我算啦！"父亲气得脸色煞白，再次扬起手，却被母亲拉住了。

从那天开始，我心里越来越憎恨这个家，我刻苦学习，想通过考上大学远离这个家。而哥哥只上了几年学，就辍学在家了。他的学习成绩一向都是挺好的。可是，我并没有替他惋惜，心里反而有一丝快意：谁让你是个瘸子？

高中毕业后我考取了医学院，毕业后分配到县城的一家医院。两年后，我谈了男朋友，我们商量着在城里买房结婚。男友的家也在乡下，家里并不宽裕，我们贷了一部分款，房款还是没能凑够。我希望家里能补贴一部分，当我把这个想法告诉父亲时，没想到他一口回绝："家里留的钱还要给你哥讨媳妇呢！你买房的事自个想办法吧！钱不够，房子就别买那么大！"

不通人情的父亲彻底让我寒了心。后来哥哥终于说妥了一门亲事，是邻村一个很老实的姑娘。父亲拿出几万块钱，风风光光地为他们办了婚事。

结婚以后，我很少回家。前几天父亲60大寿，母亲打电话来，我推说单位忙脱不开身，可能回不了家。母亲失望地挂了电话。老公说，父亲生日也不回家，说不过去。

好说歹说，把我拉回了家。父亲似乎很高兴，哼着小曲忙里忙外，我掏出200元钱，让他们自己买些东西。父亲推辞着不要，说："你们也不宽裕，还是留着自个用吧！"我不冷不热地说："是啊！结婚时啥都没有，我们一点点置办，差不多跟我哥家一样全了。"父亲听出我话中有话，便不再言语了，一整天都没有听到他走调的小曲。

晚上，我跟母亲睡一张床，母亲说："丫头，以后别这么说你爸，你爸今天气得抹眼泪了！"我小声嘀咕："谁叫他偏心！"母亲叹了口气："丫头，你知道你哥的腿是怎么瘸的吗？"

我摇头，母亲说："你很小的时候，有一次父亲带着你和你哥哥坐着拖拉机去赶集，车到半路翻车了，父亲本能地抱起你，跳出车厢。等父亲回头再找你哥哥时，你哥的腿已经被压在了车轮下。你哥被送到医院抢救，虽然性命保住了，但还是落下了终生残疾。你爸一直很愧疚，他没能同时保护好你们。他又不愿意让我告诉你真相，怕你背上太多的心理负担。"

我愣住了，泪水哗哗地流了下来。

心灵感悟

被儿女误会，想必是作为父亲最难过、最心酸的事。7尺男儿，宁愿被误会多年，在背人之处黯然泪下也不肯将实情说出口，只为了让女儿生活得轻松快乐。

生命中那份深沉而厚重的父爱，没有任何人可以敷衍。父亲总以他自己的方式去关爱子女，他爱得很浓烈，可他不会张扬，只求儿女健康幸福。上帝把父亲这个角色创造得极为隐忍，往往于不经意间，父爱便闪出万丈光芒。

父爱假如不用语言

前不久在去上海的旅途上带了一本消遣性的杂志乱翻，不经意翻到了一篇并非消遣的文章，是一个美国人记叙他眼中的父爱的。容我转述这个关于父爱的故事，虽说是一个美国人的父亲，但那个美国父亲多少年如一日为儿子榨汁的细节首先让我想到我的父亲，我父亲则是几十年如一日地早起，为儿女熬粥，直到儿女一个个离开家庭。我一直在对比中读这篇文章，作者说他每次喝光父亲榨的橙汁后必然拥抱一下父亲，对父亲说一声我爱你，然后才出门。那个美国父亲则接受儿子的拥抱和爱，什么也不说。拥抱在西方的父子关系中是一门必备课，我从来没拥抱过我的父亲，但我小时候每天第一眼看见父亲时必然会例行公事地叫一声，爸爸。

到我长大了一些，觉得天天这么叫有点烦人，心想不叫你，你还是我爸爸，有时就企图蒙混过去，但我父亲采取的方式是走到你面前，用手指指着自己的鼻子，我就只好老老实实一如既往地叫，爸爸！

奇怪的是那个美国儿子与我一样，他说他有一天也厌烦了这种例行公事的拥抱，喝了父亲的橙汁径直想溜出去，那个美国父亲就把儿子挡在门前了，说，你今天忘了什么吧？这时候我仍然在对比，我想换了我就顺势说，谢谢你提醒我，然后拥抱一下了事。

但美国的儿子毕竟与中国的儿子是不同的，他想得太多要得也太多，贸然提出了一个非常强硬的问题，说，爸爸，你为什么从来不说你爱我？这个美国儿子逼着他父亲说那三个字，然后文章最让我感动的细节就出现了，那个父亲难以发出那个耳熟能详的声音，当他终于对儿子说出"我爱你"时，竟然难以自持，哭了出来！

我读到这儿差点也哭了出来，我仍然在对比我所感受到的父爱。我想我永远不会逼着我父亲说我爱你，我与那个美国儿子唯一不同的是，知道就行了。父爱假如不用语言，那就让我们永远沐浴这种无言的爱吧。

心灵感悟

也许每个人对父爱的思索，都能激起心中对父爱的诠释，在记忆的长河中思索着，在成长的过程中，父亲用他的沉默，用他的理解，用他的厚重……原来无形中父亲已经给了我们很多很多，我们习惯地去接受，却少有人用心去发现，父爱就在我们的身边。

父爱像微风细雨，润物无声，深情无言，父爱是无言的情怀，是沉默的码头。父爱像丁香，淡淡悠长，只有当岁月走过，才渐渐品出那淡淡的父爱中所蕴含着的深远韵味！

背影

我与父亲不相见已二年余了，我最不能忘记的是他的背影。

那年冬天，祖母死了，父亲的差使也交卸了，正是祸不单行的日子。我从北京到徐州，打算跟着父亲奔丧回家。到徐州见着父亲，看见满院狼藉的东西，又想起祖母，不禁簌簌地流下眼泪。父亲说："事已如此，不必难过，好在天无绝人之路！"

回家变卖典质，父亲还了亏空；又借钱办了丧事。这些日子，家中光景很是惨淡，一半为了丧事，一半为了父亲赋闲。丧事完毕，父亲要到南京谋事，我也要回北京念书，我们便同行。

到南京时，有朋友约去游逛，勾留了一日；第二日上午便须渡江到浦口，下午上车北去。父亲因为事忙，本已说定不送我，叫旅馆里一个熟识的茶房陪我同去。他再三嘱咐茶房，甚是仔细。但他终于不放心，怕茶房不妥帖；颇踌躇了一会儿。其实我那年已20岁，北京已来往过两三次，是没有什么要紧的了。他踌躇了一会儿，终于决定还是自己送我去。我再三劝他不必去；他只说："不要紧，他们去不好！"

我们过了江，进了车站。我买票，他忙着照看行李。行李太多了，得向脚夫行些小费才可过去。他便又忙着和他们讲价钱。我那时真是聪明过分，总觉他说话不大漂亮，非自己插嘴不可，但他终于讲定了价钱，就送我上车。他给我拣定了靠车门的一张椅子，我将他给我做的紫毛大衣铺好座位。他嘱我路上小心，夜里要警醒些，不要受凉。又嘱托茶房好好照应我。我心里暗笑他的迂：他们只认得钱，托他们只是白托！而且我这样大年纪的人，难道还不能料理自己么？唉，我现在想想，那时真是太聪明了！

我说道："爸爸，你走吧。"他往车外看了看说："我买几个橘子去。你

就在此地，不要走动。"我看那边月台的栅栏外有几个卖东西的等着顾客。走到那边月台，须穿过铁道，须跳下去又爬上去。父亲是一个胖子，走过去自然要费事些。我本来要去的，他不肯，只好让他去。我看见他戴着黑布小帽，穿着黑布大马褂，深青布棉袍，蹒跚地走到铁道边，慢慢探身下去，尚不大难。可是他穿过铁道，要爬上那边月台，就不容易了。他用两手攀着上面，两脚再向上缩；他肥胖的身子向左微倾，显出努力的样子，这时我看见他的背影，我的泪很快地流下来了。我赶紧拭干了泪。怕他看见，也怕别人看见。我再向外看时，他已抱了朱红的橘子往回走了。过铁道时，他先将桔子散放在地上，自己慢慢爬下，再抱起橘子走。到这边时，我赶紧去搀他。他和我走到车上，将橘子一股脑儿放在我的皮大衣上。于是扑扑衣上的泥土，心里很轻松似的。过一会说："我走了，到那边来信！"我望着他走出去。他走了几步，回过头看见我，说："进去吧，里边没人。"等他的背影混入来来往往的人里，再找不着了，我便进来坐下，我的眼泪又来了。

近几年来，父亲和我都是东奔西走，家中光景是一日不如一日。他少年出外谋生，独立支持，做了许多大事。哪知老境却如此颓唐！他触目伤怀，自然情不能自已。情郁于中，自然要发之于外；家庭琐屑便往往触他之怒。他待我渐渐不同往日。但最近两年不见，他终于忘却我的不好，只是惦记着我，惦记着我的儿子。我北来后，他写了一信给我，信中说道："我身体平安，唯膀子疼痛厉害，举箸提笔，诸多不便，大约大去之期不远矣。"我读到此处，在晶莹的泪光中，又看见那肥胖的、青布棉袍黑布马褂的背影。唉！我不知何时再能与他相见！

心灵感悟

　　每个父亲心中都有对儿子无微不至的爱和牵挂，但他们疏于用语言表达，只是用默默的行动去展现。仔细体会父亲那无声的爱：父爱是我们蹒跚学步时那双温暖的手；父爱是我们背起书包时那满含期待的目光；父爱是夜夜苦读一直为我们守候的疲惫身影；父爱是我们金榜题名时脸上欣慰的笑容；父爱是我们遭受挫折时的一句鼓励的话语；父爱是盼儿归时那两串不干的泪痕；父爱是双鬓早已泛白的银丝；父爱是蹉跎岁月中为我们日夜操劳爬上额头的深深的皱纹；父爱是临终前也不会忘记的牵挂和千言万语的叮咛……

第三篇

每一种母爱都很伟大

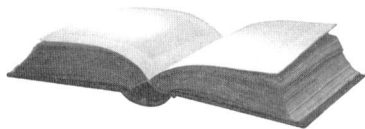

　　世间有一种爱，平平凡凡却无微不至；远离千山万水却让人牵肠挂肚。那就是母亲对子女的爱。母爱像河，点点滴滴，川流不息，所到之处无不留下一片润泽和梦想；有母爱经过的地方就会有生命，有母爱经过的地方就会有希望；母爱像海，气势磅礴，容纳百川，所到之处无不充满浩瀚和广阔。不管是对人来说，还是对其他各种生灵，唯有母亲的爱包含着孕育的恩情，默默奉献，不求回报。生死攸关的时候，她们总是义无反顾地舍弃自我，把生的希望留给后代。母爱之伟大，不管何时都是一个亘古不变的主题。

绝望的守候

青春励志

感恩

——那超越生命的爱

那时的我们年轻气盛。每个人都争先恐后地寻找猎物，打回来一头藏野驴或一只盘羊，全连人都像过节一样高兴。不过后来发生的一件事彻底改变了我和猎物之间的关系，并影响了我的一生。

那天，我们狩猎班照常进山打猎。跑了一个上午，结果连一只野兔也没打上。突然，"轰隆……轰隆……"一阵奇异的地动山摇的声音在耳畔回响起来，仿佛一列火车由远而近开来，整个山谷都要被碾碎似的。我和同伴们几乎同时停止了说笑，站起身来。我们都以为要发生雪崩了。中午前后，在海拔四五千米的地方，雪崩的危险是随时存在的。

"看那儿，野马！""不，是野驴！"就在我们惊恐不安地踮起脚仔细分辨声音的种类及方位的时候，同伴们几乎同时叫了起来——大约有四五百只藏野驴沿着并不宽阔的河谷自西向东飞奔而来。

同伴们似乎还没从刚才的"轰隆"声中完全回过神来，我却陡然清醒了过来。我不由自主地举起手里的半自动步枪，瞄也没瞄地就朝野驴群的中央部位开了一枪。随着这声枪响，野驴群哗啦一下，沿河谷四散而去。它们奔逃的速度更快了，似乎遭受了电击，大多从河谷两侧往前逃去。我们追过去一看，雪地上血迹四溅。显然，我开的那一枪打中了野驴。

我们扛着枪朝前追去。两侧的驴早已逃得不见踪影，只有谷地平坦的地方，可远远看见三只野驴缓慢地行走着。从血迹来看，这里有一只受了枪伤的野驴。追到山口时，眼看着野驴就要朝更深的山谷里逃走了，而此刻它们正在射程之内。

我站稳身子，迅速举枪。随着"砰"的一声，中间那只野驴应声倒地。守在两侧的两只野驴本能地闪开，并飞逃而去。我们跑过去一看，被击中的是一只大母驴，而且正好是第一次被枪击血流不止的那只。

我总觉得另外两只野驴用生命来围护母驴这件事很蹊跷，预感到这事不会就这么快结束。一种奇怪的念头促使我背上步枪独自朝山坡走去。

然而，就在我翻过一个小山头向山谷里观望的时候，一下子被眼前的景象惊呆了——始终围护着母驴的那两只驴，正站在不远处的山头上专注而忧伤地朝母驴倒毙的地方张望着。仿佛只要有一丝可能，它俩就会不顾

一切地俯冲下去营救母驴。一看到还有两只野驴站在不远处等着挨枪，我想也没想举枪瞄准。枪响之后，一只野驴当即倒地，另一只野驴飞逃而去。我跑过去一看——天啊，我把一只小驴给打死了。

这时，我突然听到山坡上有野驴奔跑的声音，急忙提枪退到一旁。

只见刚才跑开的大驴不顾一切地跑回来了。它冲到小野驴跟前，打着响鼻喷着热气在小驴的身体上嗅了嗅，随后便绕着小驴的尸体一圈又一圈地跑。它不停地跑着，也不看四周是否有危险，目光里流露出彻底的绝望。

我壮着胆子照着大驴就是一枪。驴噌地一下跳起来，往山上跑去。

可不到一分钟，它又扭头跑回来了。这一次，它没有绕着小驴跑，却围着我转圈子。野驴显然已经中弹了，而它仍然一圈一圈地奔跑着。

我有些害怕了，不停地喊着："滚开！走吧！我们不要你了！"

然而，这一切都无济于事。野驴自顾自地围着我兜圈子。足足跑了大约50圈后，它"扑通"一声，一头栽倒在地，再也没能站起来。

我上前一看，是一只大公驴。

这时我才知道，我打死的三只野驴正好是一家三口。难怪一声枪响之后，别的野驴全部四散奔逃了，唯独它们3个却生死相依，不肯分离。

当时我才20多岁。我家里正好是3口人：我、妻子和一个仅两岁的女儿。在意识到亲手杀掉了野驴一家三口时，我惊惧得全身发抖，不知道怎样做才好，一直愣愣地站在那儿，很久……

这件事以后，我再也没打过一次猎。

心灵感悟

有一种感情永远不离不弃，有一种感情是一生的守候，有一种感情能够超越生命，这种感情就叫作亲情。不管是人类，还是动物，每种亲情的内容都相似。感悟亲情，心里充满感动；感悟亲情，眼中满是泪水。

藏羚羊跪拜

这是好些年前听来的一个西藏故事。至今，我每次穿过藏北无人区时总会不由自主地要想起这个故事的主人公——那只将母爱浓缩于深深一跪的藏羚羊。

那时候，枪杀、乱捕野生动物是不受法律惩罚的。就是在今天，可可西里的枪声仍然带着罪恶的余音低回在自然保护区巡逻卫士们的脚步难以到达的角落。当年举目可见的藏羚羊、雪鸡、黄羊等，眼下已经成为凤毛麟角了。

当时，经常跑藏北的人总能看见一个肩披长发，留着浓密大胡子，脚蹬传统藏靴的老猎人。一支磨蹭得油光闪亮的权子枪斜挂在他身上，身后的两头藏牦牛驮着沉甸甸的各种猎物。他无名无姓，云游四方，朝别藏北雪，夜宿江河源，饿时大火煮黄羊，渴时一碗冰雪水。猎获得来的钱，除自己消费外，更多地用来救济路遇的朝圣者。去拉萨朝觐要走一条布满艰险的漫漫长路。每次老猎人在救济他们时总是含泪祝愿：上苍保佑，平安无事。

杀生和慈善在老猎人身上共存。促使他放下手中的权子枪是在发生了这样一件事以后——应该说那天是他很有福气的日子。大清早，他从帐篷里出来，突然瞅见对面两步之遥的草坡上站立着一只肥肥壮壮的藏羚羊。他眼睛一亮，送上门来的美事！

他丝毫没有犹豫，转身拿来权子枪。奇怪的是，那只肥壮的藏羚羊并没有逃走，只是用乞求的眼神望着他，然后冲着他前行两步，两条前腿扑通一声跪了下来。

同时只见两行长泪就从它眼里流了出来。老猎人心头一软，扣扳机的手不由得松了一下。

藏区流行着一句老幼皆知的俗语："天上飞的鸟，地上跑的鼠，都是通人性的。"此时藏羚羊给他下跪自然是求他饶命了。他是个猎手，不被藏羚羊的乞怜打动是情理之中的事。他双眼一闭，手指一动，枪声响起，那只藏羚羊便栽倒在地。它倒地后仍是跪卧的姿势，眼里的两行泪迹也清晰地留着。

那天，老猎人没有像往日那样当即将猎获的藏羚羊开宰、扒皮。他的眼前老是浮现着它跪拜的情景。他有些蹊跷，藏羚羊为什么要下跪？这是他几十年狩猎生涯中唯一见到的情景。夜里躺在地铺上，他久久难以入眠，双手一直颤抖着……

次日，老猎人怀着忐忑不安的心情将那只藏羚羊开膛扒皮，他的手仍在颤抖。腹腔在刀刃下打开了，他吃惊得叫出了声，手中的屠刀咣当一声掉在地上……原来在藏羚羊的子宫里，静静卧着一只小藏羚羊，它已经成形，自然是死了。

这时候，老猎人才明白，为什么那只藏羚羊的身体肥肥壮壮，也才明白它为什么要弯下笨重的身子向自己下跪：它是在求猎人留下自己孩子的

一条命呀!

老猎人的开膛破腹半途而停。

当天,他没有出猎,在山坡上挖了个坑,将那只藏羚羊连同它那没有出世的孩子掩埋了,同时埋掉的还有他的权子枪。

从此,这个老猎人在藏北草原上消失。没人知道他的下落。

心灵感悟

　　《藏羚羊跪拜》催人泪下,感人肺腑,母爱是所有动物都具备的天性。母爱是在猎人的陷阱中,母狼望着被打死的小狼而呜咽嗥叫;母爱是在面对死亡的时刻,毫不犹豫跪拜的情景。此情此景,情何以堪?

　　人类总是以自我为中心,为了生存,丧失了基本的人性,动物对生命的渴望,却无法唤醒人类的良知。善待自然界的万物,其实我们要做的还有很多。人与自然的和谐相处,也正体现了人性回归的一种呼唤。爱护自然,也就是在爱护我们自己的生命,使人类这种生命物种不至于在地球上灭迹。

拦路索水的老牛

　　这是一个真实的故事。故事发生在西部的青海省,一个极度缺水的沙漠地区。这里,每人每天的用水量严格地限定为3斤,这还得靠驻军从很远的地方运来。日常的饮用、洗漱、洗衣,包括喂牲口,全部依赖这3斤珍贵的水。

　　人缺水不行,牲畜一样,渴啊!终于有一天,一头一直被人们认为憨厚、忠实的老牛渴极了,挣脱了缰绳,强行闯入沙漠里唯一的也是运水车必经的公路。运水的军车来了。老牛以不可思议的识别力,迅速地冲上公路,军车一个紧急刹车戛然而止。老牛沉默地立在车前,任凭驾驶员呵斥驱赶,不肯挪动半步。

　　5分钟过去了,双方依然僵持着。运水的战士以前也碰到过牲口拦路索水的情形,但它们都不像这头牛这般倔强。人和牛就这样耗着,最后造成了堵车,后面的司机开始骂骂咧咧,性急的甚至试图点火驱赶,可老牛

不为所动。

后来，牛的主人寻来了，恼羞成怒的主人扬起长鞭狠狠地抽打在瘦骨嶙峋的牛背上，牛被打得皮开肉绽、哀哀叫唤，但还是不肯让开。鲜血沁了出来，染红了鞭子，老牛的凄厉哞叫，和着沙漠中阴冷的酷风，显得分外悲壮。一旁的运水战士哭了，骂骂咧咧的司机也哭了，最后，运水的战士说："就让我违反一次规定吧，我愿意接受一次处分。"他从水车上倒出半盆水——大约3斤，放在牛面前。

出人意料的是，老牛没有喝以死抗争得来的水，而是对着夕阳，仰天长哞，似乎在呼唤什么。不远的沙堆背后跑来一头小牛，受伤的老牛慈爱地看着小牛贪婪地喝完水，伸出舌头舔舔小牛的眼睛，小牛也舔舔老牛的眼睛，静默中，人们看到了母子眼中的泪水。

没等主人吆喝，在一片寂静无语中，它们掉转头，慢慢往回走，消失在夜幕降临的西域沙漠中。

那是周末的一个晚上，当我从电视里看到这让人揪心的一幕时，我想起了幼时家里的贫穷困窘，想起了我那至今在乡下劳作的母亲。我和电视机前的许多观众一样，禁不住，泪流满面。

心灵感悟

母爱是一艘大船，把我们载到理想的境界。唯有母亲对子女的爱是默默奉献。为了子女，母亲什么苦都愿意吃，什么累都愿意受，母亲总是义无反顾地舍弃自我，把生的希望留给我们。

第一个猎物

母爱是无私的，说到母爱，我们很自然会想到母亲。可是，最无私的母爱不是在人类中，而是在一种红蜘蛛身上。

这种红蜘蛛生活在非洲，它们很特别，每只母蜘蛛一生只产一次卵。母蜘蛛一次产下约100粒卵，用粘粘的蛛丝严严实实地裹成一个卵包。母蜘蛛整天守护着它的卵包，等待小蜘蛛出世。大约一个月后，卵包上就裂开一个小口子，小蜘蛛一只只爬出来。

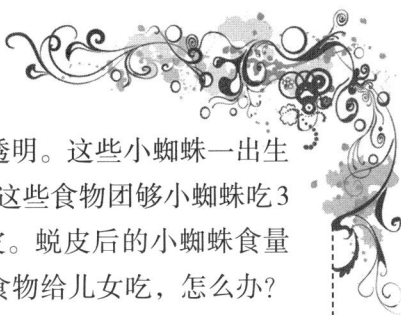

刚出生的小蜘蛛嫩嫩的，粉红色的身体几乎透明。这些小蜘蛛一出生就要吃东西，母蜘蛛立刻产下十几粒"食物团"。这些食物团够小蜘蛛吃3天。3天后，小蜘蛛长大了许多，开始第一次蜕皮。蜕皮后的小蜘蛛食量大增，需要更多的食物。母蜘蛛无法找到这么多食物给儿女吃，怎么办？令人惊心动魄的一幕出现了。

母蜘蛛先用蛛丝把小蜘蛛聚拢在一起，然后趴在小蜘蛛上面。饥饿的小蜘蛛躁动着，争先恐后地爬到母亲的身上，开始还有点犹豫，不知哪只小蜘蛛先下口咬起母亲来。母亲的皮一破，其他兄弟姐妹闻到血腥味，也纷纷咬起母亲来。一会儿，母亲的身体就被儿女爬满了，每一个儿女都有一根尖锐的吸管，上百根吸管刺穿母亲的表皮，插到它的体内。

母蜘蛛痛苦地摇头伸腿，但它始终不挪动身体，更不伤害自己的儿女。它任由100个儿女吮吸自己体内的汁液，一次又一次把它们喂饱。母蜘蛛的身体，够小蜘蛛吃4天。4天后，小蜘蛛又长大了许多，而母亲已经被吃光，化成了儿女的粪便。

母蜘蛛不但用自己的身体喂饱儿女，更重要的是，它用自身的汁液唤醒了儿女的捕猎天性。母蜘蛛心甘情愿地充当儿女的第一个猎物，儿女们在吃母亲的过程中学会了捕猎。只有学会捕猎，小蜘蛛才能在恶劣的环境中生存下去。

从出生后第八天起，小蜘蛛没有母亲喂养了，开始独立谋生。它们四散到丛林里，吐丝织网，捕食昆虫。长大后，女儿也像母亲一样，生儿育女，用自己的身体喂养孩子。

无独有偶，非洲大陆四周的广阔海域中，生活着一种大马哈鱼。它的孩子出生以后，最先得到的食物却是自己生身母亲的身体。它们的母亲在自己孩子吮吸和撕咬自己的血肉时，只是极其痛苦地在海水里翻腾，却从不做出丝毫的反抗。大马哈鱼为了孩子的成长，只能在众多孩子的撕咬之下，把自己的一具骨骸沉于海底……

母爱无私到这种地步，在动物界，是极为罕见的。

心灵感悟

母爱如此惨烈！这种博大的母爱，使人震撼。那种无畏死神的从容、那种以牺牲自身的方式启蒙儿女的神圣、无私的情怀，感天动地。

血染的母爱

2000年10月下旬，南美哥伦比亚东部亚布兰斯原始森林。

深秋的天气已在丛林中弥漫了一股寒气，但本·斯泰恩和埃利·雷泽仍然忙得满身是汗。他们是来自墨西哥的职业摄影家。34岁的本因作品出众而在野生动物摄影这一领域颇负盛名。这一次他和助手埃利是第三次来到亚布兰斯森林，希望能拍摄一些独特而有创意的作品。

本特别中意亚布兰斯森林，因为那是一片人迹罕至的原始境地，到处都是绿叶茂密的树林和刀劈斧削般的悬崖绝壁，加上浓浓的雾气终年缭绕，显得格外神秘和恐怖。但越是这样，才会有众多的野生动物不受惊扰地生活在此处，一切景象才会更加真实和富有传奇。一路上，本和埃利忙个不停，不时在身边窜来窜去的森林猿猴和豪猪等家伙，令他们"浪费"了不少胶卷。

很快太阳便下山了。本看了看天色，决定找个地方扎营。他们来到林间一片略为开阔的草地，熟练地撑起了帐篷，望着忙碌的埃利，本想起下个月便是他30岁生日了，完成这次拍摄任务后一定要好好庆祝一下。他们作为搭档已经合作3年多了，由于有共同的爱好和追求，本和埃利在共事中结下了深厚友谊，亲如兄弟。

一切妥当后该做晚餐了，埃利伸了个懒腰说："嗨！得去找点水。"看着助手一副劳累的样子，本便抢过皮囊，笑道："你还是小睡一下吧，我去打水。"说罢，本吹着口哨晃晃悠悠地先走了。

半个小时后，本拎着满满一皮囊水和一包野山菌兴冲冲地赶了回来，准备煮一锅山菌汤。然而，眼前的一幕把他惊呆了：营地里一片狼藉，四处沾染着鲜血，而埃利却不见踪影！但他们配备的猎枪仍支在帐篷边，没有移动的痕迹。本猛然缓过神来，扔下皮囊疯了似的循着地上星星点点的血迹追了上去。

还未追出100米，一幕血腥的场景令本倒吸一口冷气——埃利躺在不远处的一棵榛树下，而一头猎豹正伏在他身上，用嘴撕咬着埃利的大腿！本心头一凉，禁不住大喊起来："埃利！"

听到喊声，猎豹警觉地一缩肩，然后毫不犹豫地猛扑向本，回过神来的本已没有逃走的机会，只得扭转身体竭力避开猎豹的攻击。但还是晚了，猎

豹一口咬住了本的右臂，将他扑倒在地，爪子在本的胸膛上狠狠地抓了下去。

情急之下，本勇敢地伸出左手紧紧地掐住了豹喉。一时间，人豹一同在地上翻滚起来，但无论怎样，本的左手仍然铁钳般地掐在猎豹的脖子上。

也许是呼吸太困难了，猎豹不得不松开了嘴，本见势咬着牙将血淋淋的右手猛地一伸，深深地插入了猎豹的咽喉！这一击令猎豹猝不及防，竟然松开爪子腾地昂起了头，一击得手的本急忙用左手从靴边拔出了随身携带的匕首，狠命地扎向猎豹的后腿。随着一声惨厉的低吼，猎豹转身逃向丛林之中。

就在猎豹抽身逃遁之机，本注意到它腹部的一排乳头也随之一甩——那是一头母豹！而那把匕首仍扎在母豹的后腿根处……

本迫不及待地扶起埃利，然而他已完全没有了气息。突如其来的变故令本呆住了，几乎不敢相信眼前的事实，片刻后才禁不住痛哭起来。

冷静后的本仔细察看了埃利的伤口，显然那头母豹是乘其不备从后攻击成功的，他后颈上赫然有一处致命的咬伤，而腿和腹部也被母豹撕咬了大块皮肉。看着助手的惨状，本悲从心来，眼珠都要往外喷出火来，他愤怒地大吼一声，发誓要猎杀母豹，为埃利复仇！

本从背包里翻出急救包，简单地将自己的伤口包扎了一下，然后含泪用睡袋裹起埃利的尸体，并启动了紧急呼叫定位仪。这种电子装置能告知原始森林外的巡警受难者的详细方位，以便迅速营救，他们会来处理现场的。最后，本抓起猎枪，胡乱带了些干粮，决定去猎杀那头母豹——它已受了伤，跑不了多远的。

此时，天色已渐渐暗了下来，本回到刚才与母豹搏杀的地方，蹲下身察看了一下地面腐叶上留下的痕迹：后腿上的伤显然不轻，豹血滴在地上向北延伸开去，而松软的泥土上也留下了母豹那梅花状的爪印。本起身朝北追去，以他的经验，野生动物在受伤后一般会返回自己的巢穴，方向也肯定是固定的。

沿着母豹留下的一串血迹，本在原始森林里一路疾行，还有半个小时天就漆黑了。他必须尽快找到母豹，有了猎枪，那该死的豹子岂不是死路一条。

果然，刚刚走出一片榛树林，本便发现一棵枯树下血迹突然多了起来，而树干上还有明显的爪印和擦痕，显然母豹是想竭力弄掉后腿上的匕首。本心头一喜：它一定就在附近！恰在此时，不远处的树丛间一个土黄的身影忽地一闪，本抓起枪，猫着腰扑了过去，正是那头母豹！

本清楚地看见母豹正用三条腿颠着向前奔去，一条粗硬的豹尾拖在身后……本举起枪，"乓！"母豹惨叫一声窜了出去，地上则留下了半截喷

血的豹尾！本懊恼地拍了拍头，又让它跑了。

一头成年猎豹奔跑的速度可达每小时120公里，但此时母豹的伤势已不可能令它奔跑正常。本更加坚信自己定能猎杀凶手。然而天很快就黑透了，本顺着绵延山脉的热带雨林向山上攀爬，当来到半山腰的一块平地时，他不得不就地歇息了，本随便吃了些携带的干粮，便靠在一棵巨大的树木下抽了支烟，不知不觉间他竟迷迷糊糊地睡着了。

也不知过了多久，本突然一个寒战，猛地睁开了眼，一股腥气扑面而来，他警觉地抓紧了怀中的猎枪。然而还是晚了，飘忽的月光下只见一团黑影冲了上来，本下意识地举起猎枪一挡，"喀嚓！"尖锐的利牙咬在枪管上发出令人胆寒的声响——正是那头母豹！

黄昏时的追击让它意识到了潜在的危险，母豹竟然铤而走险深夜伏击。黑暗中，本看见母豹一双绿幽幽的圆眼正瞪着自己。他大吼一声，抬腿猛地蹬向豹腹，母豹被踢出老远，但它的前爪仍然狠狠地在本的左胸刨了一爪，利爪撕开厚厚的帆布将他胸前的皮肉带去一大条，本忍不住"啊"地叫了一声。他感觉到火辣辣的伤口处鲜血涌出，顺着腹部很快浸湿了衣裤……

此时，母豹跌坐在地上后又翻身跃起，朦胧的月光中本看不清对手的举动，只是顺着那双绿光闪烁的豹眼下意识地蜷起身体，迅速抬手举枪，一推弹匣，就在母豹再次猛扑上来时，本扣动了扳机，"乓！"一股腥血溅了他一脸，母豹发出了一声沉闷而撕裂肝脾的嚎叫，击中了。本欣喜异常，然而，就在他用左手抹去脸上的豹血时，母豹竟然伏在地面上再次逃向黑暗……

本挣扎着站起来，怒不可遏地试图乘胜追击，但胸口一阵剧痛，他龇着牙抽了口冷气，看来自己也伤得不轻。他不得不停下来歇一口气，刚才搏斗的场景仍然让本后怕不已，四处一股血腥气味，给这片丛林更添了一份杀气。

天很快大亮了。本再次察看了四周的情形，从身边的那摊血来看，母豹这次伤得的确不轻，本估计它也许就死在附近。

由于枪伤在母豹的腹部，它的每一步行动都清晰无疑地展现在本的眼前。很显然，母豹开始猛逃了一段距离，血迹清晰而均匀，但朝北大约2000公尺后，母豹可能伤势过重，不得不匍匐在地喘息了一会儿，地面的腐叶上积满了未干的血水。本一路追了过去，左胸和右手的伤口让他的行动无法像平常一样敏捷，而连夜的搏杀和追逐也消耗了他大量的气力。

本越来越衰弱，他所带的肉干和饼干早已被他吃完，失血后的干渴令他的嘴唇枯干起泡。

本不得不时常停下来吮一些树叶上的积水。此时，母豹留下的血迹也

越来越湿润，这表明对手的体力也不支，速度慢下来。本内心十分清楚，母豹的伤势更重，这场追逐也就是意志的比拼，"我要亲眼看到它死，否则埃利一定死不瞑目！"本暗暗下定决心。

不知不觉间天已正午，阳光从树叶间洒了下来。干渴、疲惫再次袭倒了本，他瘫软在地上大口地喘着气，他想象着母豹也许正在不远处垂死挣扎……

当本再次顺着山梁搜索了几百公尺，忽然，在一片杂草间他赫然发现了自己的那把匕首！而四周则是一摊黑血，显然母豹在此挣扎着弄出了后腿上的匕首，但伤口的失血只会加速它的死亡。本信心更足了，他坚信母豹一定坚持不了多久。

此时，地面上母豹留下的血迹陡然间多了起来，本断定它决不会离这里太远，垂死的猛兽也许会伺机再次向他攻击。他警觉地扫视了一下四周，没有任何动静。本伏下身子，地上有一条长长的血带，断断续续地向左前方延伸而去，从被压倒的杂草来看，母豹只能是趴在地上艰难地爬行了。本感慨地舒了一口气，看来动物求生的本能足以让它如此顽强。

血迹将本引到了一棵巨大的沙松前，他抬头一看，母豹那两条无力的后腿和半截尾巴从树洞口耷拉下来，鲜血染红了洞下的树干。

本急忙一闪身，端起猎枪就是一枪，子弹击中了母豹的后背，但出人意料的是它只是颤动了一下，便再也没了反应。母豹死了，本放心地走上前去，用枪托捅动母豹翻了个身。天哪！本惊叫了起来，他看见两只豹崽正依偎在母豹的腹下，起劲地吮吸着奶头，而血迹则糊满了它们全身……

母豹腹部的枪伤正是昨夜的结果，拳头大的弹孔深及内脏，由于时间太久，伤口四周已是乌黑发紫，而血水还在从身体里冒出来。这无疑是处致命伤，而母豹竟然坚持了如此之久！本惊讶地张大了嘴，母豹在弥留之际爬行了数千公尺，它还惦记着它的孩子们！

那是一幅无比圣洁的画面，本的内心受到了极大的震动，他的眼睛湿润了……本情不自禁地挪动脚步，抱出那两只有着漂亮斑点的豹崽，叹息道：安息吧，豹妈妈……

心灵感悟

身负重伤、爬行数千公尺，洒下一路的鲜血，几次从枪口下顽强地逃生……这所有的一切努力、拼命，都只是为了能够照顾自己的孩子，给孩子乳汁。每个人看到这些都会感动不已。其实，如果你已为人父母，

你就能够深深地体会，这些都不过是做母亲的本能而已，即使需要他们失去自己的生命。

北极母熊

温暖的北极夏季即将过去，火红的太阳在地平线上挣扎，眼看要被大地吞没了。这时，摇摇晃晃地走来一头怀孕的北极母熊，她清楚地知道，前面，是漫长而严酷的北极之夜。她的孩子将要诞生在达数月之久的、零下50摄氏度的冬夜里，诞生在她自己挖掘的、没有任何食物的雪洞中。整个冬天，她和胎儿都得依靠消耗她体内的脂肪生活。因此，她必须在冬天到来之前尽可能地捕食，长胖，以度过严峻的日子。

剩下的时间不多了。

她顺着冰层的边缘狩猎，那儿有水，有海豹，有鱼，甚至还会有一两只海豚或者海象。

这是一个严寒的世界，看不见任何树林，北冰洋冰冷的海水冲击着格陵兰岛、西伯利亚、阿拉斯加和加拿大的海岸。到处是雪和冰，旧的和新的，漂浮的和耸立的，都在不停地运动。只有在夏天，这儿才会显得有生气。那时，天空里充满了海鸥、白鸥和其他鸟儿们热闹的喧哗。可现在，只剩下蓝色海水哗哗拍打冰层的声音。

母熊摇摇摆摆，迈着沉重的脚步。在这黑色的天空下、荒凉的冰雪中，她也代表着白色世界的部分威力。北极熊是熊类中最大的一种，她身强力壮，凶猛危险，能在海中游64公里，自然界没有任何动物能同她抗衡。只有她，在自己的王国里高昂阔步。她毛皮粗糙的脚掌稳稳地踩在冰上，悄无声息地移动着她那庞大的身躯。此刻，她低垂着头，左右摇晃，唯恐漏掉冰上任何可吃的东西。她还不十分清楚自己体内的变化，然而，生理本能使她十分爱护未出世的幼仔，为他们储备营养，保护他们不受伤害。因此，这时她决不去做平时那些冒险的事儿。

食物，哪儿有食物呢？

冬天的冷酷已在冰冷的空气中展示它的威力。母熊的眼睛、鼻子已感到寒冷的刺激。突然，她看见，在冰层那边，有一头微黑贪睡的懒汉——海豹。机不可失！

母熊迅速决定了捕捉的方法：悄悄滑入水中，切断海豹的退路。冰层轻轻摇动了一下，母熊沉重的身躯没入水中。在水中，母熊如同在岸上一样轻松自如，既能浮游，又能潜水。她体内有层厚厚的脂肪，外面又有浓密多油的毛皮，再加上水比空气还暖，因此，母熊并不感到寒冷。

母熊全神贯注，利用冰角的掩护，在几次巧妙的潜游之后，接近了海豹。

突然，海豹发现了母熊，它的脸立刻恐怖得抽搐起来，刹那间竟手足无措。是按照惯例跳入海中逃走——这几乎等于直接落入熊口，还是拼命跑过冰块，跳入另一个冰洞？海豹选择了后者。

母熊猛然跃出水面，跳上岸，扑向吓得魂飞魄散的海豹。

雪地上展开了一场生死搏斗，只见水珠四溅，白雪飞舞。

海豹拼命挣扎，然而无济于事。在母熊致命的打击下，雪地上洒满了鲜血。

海豹终于不动了，母熊赶快回过头来抖掉身上的水珠，以免结冰。她迅速在雪地上滚动，用鼻子摩擦，扫清两肋和下颚的水珠。很快，全身变干了，地上只有几根蜷曲的毛发冻结在一起。

现在该享用海豹了。首先开膛，撕下皮和油脂，放出体内气味，然后大嚼热乎乎的红肉。海豹肉是她最喜爱的食物，味香肉热，全然不像那又冷又硬的鳍鱼肉。

母熊突然停止了咀嚼，警觉地抬起头，一边倾听一边嗅闻，同时四下张望。血，从下颚滴到雪地上。自然界中，北极熊没有天敌，但不知从哪一代起，他们开始有了生命危险。

四周悄无声息。

然而她相信自己的直觉，一定有危险！她恋恋不舍地抛弃了剩下的鲜肉，潜入水中。在水中容易隐藏，也容易逃走。

不一会儿，她看见一种直立行走的"陆上海豹"沿着冰岸走来。他们是一种稀奇古怪的动物，看上去相当软弱，但十分危险。他们居住的地方散发出灯光、喧嚣和精美食物的香味。

她注视着这些走近了的稀奇动物，考虑着是否把他们像刚才的海豹一样处理，但体内未出世的生命提醒她不要冒险。于是，她潜入水中，消失在"陆上海豹"的射程之外。海面快结冰了，母熊不顾一切地狼吞虎咽，拿海鱼塞满肚子。

此时，冰冷的岩石和碎石堆上再也找不到美味的苔藓、多肉的浆果和甜根，她只得不停地潜入水中寻觅食物。

北极的白昼结束了。在残存的粉红色的微光中，一只雪鸟默默地朝南疾飞。即将来临的北极之夜把生命逐出了这块寒冷荒芜的土地。

海面开始结冰，水中出现晶体，到处都是冻结的噼啪声，仿佛冰雪在磨着利牙展示严冬的淫威，天空中挂着微微活动的帷幕——北极五彩缤纷的极光。北极之夜开始了。

真正的严寒现在才到来，食物已经绝迹，母熊开始选择过冬的洞穴。此刻，她体内已蓄满了由海豹和大比目鱼转化而来的脂肪，肥肥胖胖，可以过冬了。

大量的原始陈冰堆积在山上，山中的坑洼洞穴都灌满了白雪。冰雪滴成的冰柱悬挂成排。冰柱的后面，有一个很大的洞，母熊选中了它。洞中积满了雪，雪很松软，她很快掘下去。

最后她认为够深了，就把身子蜷成一团，在洞中滚来滚去，不停地推、压。四壁受热融化，但很快又冻结，形成光溜溜的墙壁。她的呼吸和体热顺着她进洞的路传出去，融化了积雪，但冷空气又立刻使其结冰，这样就形成了一个冰管，通过它供给空气。

在雪洞中，母熊感到相当暖和，浓密多油的毛皮和厚厚的油脂像棉被一样覆盖着她。她躺下开始冬眠并等待新生命的诞生。

不知过了多久，在一阵痛苦的痉挛之后，地上出现了一只湿漉漉的幼熊。他十分瘦小，除了轻微的咪喵声外，几乎像是没有了生命。母熊愉快地用鼻子擦他，想把他的身上弄干。紧接着又是一阵疼痛，第二只同样大小的幼熊来到世间。

艰难的生产终于结束，母熊的心跳也变得正常了。她不停地抚摸并舔她的孩子，幼熊的身上很快变干，开始显得有生气。母熊躺在地上，看着由自己血肉所创造的生命，享受着做母亲的巨大喜悦。

一天，洞外传来声音，头顶上的冰嘎嘎作响，雪在杂乱的脚步下震动。母熊慌忙站起来，她瘦骨嶙峋，满脸凶光，血在全身疯狂奔涌。万一那些"陆上海豹"发现洞口热乎乎的黄色气洞或者踩上浮雪跌进洞来，母熊非得拼个你死我活！

很幸运，声音和脚步逐渐消失了。

此时，外面的世界里，太阳又姗姗返回。天色逐渐由青转红。最高的山峰上，闪耀着太阳的光辉。母熊在洞穴深处也能感到气候的变化，随着光线的透入，雪渐渐变得明亮。

小熊已睁开了眼睛，毛皮也已长全，身体一天天强壮，该出去见见

世面了。他们要学的东西多着呢：游泳、捕鱼、搏斗、捕猎海豹等等。母熊除了给他们寻找食物之外，还得兼任教师和保镖，而这些都得由她独自承担。往年还有头公熊帮她，可今年公熊已经不在了——他白色的熊皮在"陆上海豹"的营房前面高高悬挂，迎风飘舞。

母熊用巨大的前掌和黑色的爪子打碎冰墙，撞开积雪，带着幼熊爬出洞来。外面空气清新冰凉，阳光像针一样刺眼睛。过了好一会儿，他们才看清眼前的世界：在彩色的日晕光环下，北极大地银装素裹，与蓝色柔和的大海交相辉映。阳光、春风、喧闹交织在一起，向他们展示出一个五彩缤纷的世界。

海水清凉的水波闪烁着难以抵抗的诱惑。母熊兴高采烈地跳下去，在水中尽情地翻滚，整个身心都浸透了清新，浸透了欢娱，把在冬天里淤积的浊气污垢都洗涤一新。过了好一会儿，她才想起母亲的重大职责，于是转身督促小熊下水。小熊坐在岸上，害怕得吱吱直叫，畏畏缩缩走两步，又慌忙爬回去。母熊不断催促，一只小熊往冰岸多走了两步，稳不住，尖叫着滑入水中。不过他转眼就像软木一样浮了起来。弟弟看见哥哥平安无事，便也壮着胆子，不顾一切跳了下去。在带着几分苦涩的水沫中，他们惊愕地眨着眼——原来自己天生就能浮水。

游了一会儿，母熊把他们推到冰上，抖落水珠，擦干身体，然后独自去找食物。她很快捕到一头海豹，于是，母熊和小熊坐下来大吃一顿。饭后开始上课，内容是如何捕鱼，怎样厮杀等。最初母熊和小熊常常饱一顿饿一顿，因为他们三个一起捕猎难免发出声响，不过还不至于饿死。

一天，不知什么时候，冰脊后面悄悄摸来了"陆上海豹"，母熊和小熊却全然不知。只听"砰"的一声巨响，一只小熊翻倒在地，痛得把身子蜷曲起来。他被射中了！母熊和另一只小熊慌忙跳入水中，受伤的小熊也翻滚入海，竭力挣扎着向母亲和兄弟游去。此时他们也顾不上他了，否则将是同样的结局！

他们奋力挣扎，但两只小熊年幼体弱，游得很慢。血，漂散在深蓝色的海水中。又是一阵射击，子弹像雨点一样落在他们周围。

母熊焦急万分，她把小熊往前猛推一把，突然转身扑向敌人。她凶猛地跳上岸，奋不顾身地向敌人冲去。即使是死亡也无法阻止一位母亲为保护孩子而拼命，"陆上海豹"猝不及防，吓得四散奔逃。

母熊重新入水追上她的孩子。

受伤的小熊支撑不住，大口喝水往下沉。母熊拼命地拖住他，游到

远处的一块冰上。爬上冰，母亲立即舔他的伤口，小熊躺在冰上，痛苦不堪。他哥哥也帮着妈妈一边舔，一边悲哀地呜咽。

血，慢慢止住了，过了很长时间疼痛才消失。又过了好多天，小熊才重新吃东西。直到这时，母熊心里的疼痛才结束。

现在，展现在他们面前的，已是充满生机的北国大地。在阳光的照射下，雪开始融化，浮冰变得又薄又脆，在海浪的冲击下破碎消失。水中又充满了各种植物。

逐渐扩展的湾面因水中大量的海藻植物而呈现出绿茵茵的色彩。成千上万的野花在岩屑卵石堆中争芳斗艳。大马哈鱼和鳍鱼在水中翩然沉浮。海草长长的手臂随着水波起伏悠然飘动。岸上，野兔蹦蹦跳跳，雏鸟叽叽喳喳。食物丰富起来，到处都有苔藓、根块、比目鱼和海豹。

太阳越来越烈，雪水汇集成水塘。冰柱湿淋淋地闪耀着光芒，一根根地断裂，摔在地上像玻璃一样破碎。夏天最炎热的时候到了。

母熊和她的孩子生活在北极世界里，不懂得为什么他们会按照这种方式生活，只知道生活中有痛苦也有欢乐。当夏天结束，北极之夜到来之后，一切又重新开始。

母熊同她的后代，遵循大自然那深奥而神秘的原则，就这样，在痛苦和欢乐之中，在北极世界里，一代又一代地繁殖、生存下去。

心灵感悟

北极母熊为躲避"陆上海豹"的袭击，为保护幼仔，历经千难万险，敢于和"陆上海豹"拼个你死我活。北极母熊所表现出的母爱，是超出其类别的，母爱是天然的，是本能的。

母爱是人世间最伟大、最高尚、最纯洁的爱。她只愿付出，不求回报。她有时像平地惊雷，震撼人心，更多的像绵绵春雨，润物无声。不管是人类还是动物，母爱永远是人们歌颂的主题，是美好乐章的主旋律。

第四篇

唤醒你的反哺之心

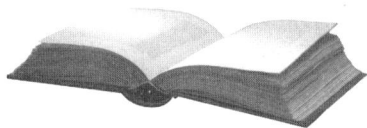

贪玩的孩子们，外面的世界再精彩也有让人疲倦的时候，只有家的温馨是恒久的。当我们快遗忘了所有的感动时，却没有忘记回家的路，可是很多个日子，我们既没有站在家庭内部，也没有站在野外，只是站在房子的墙壁上，只凭着一颗善良的心和过去的回忆，想象性地表达对家温馨的赞美，温馨的家啊，只在回忆中才能返回吗？叛逆的孩子，你可曾想起你慈祥的母亲，沉默的父亲，你可曾看到他们永远为你留下的那盏灯？

租个儿子过除夕

看到那则启事，他的眼睛亮了一下。

启事的内容别具一格："期望一名有爱心有亲情观念的男孩子和我们一道过除夕之夜。"署名是："一对年迈的老人。"

他笑了，毫无疑问，那个地方太适合他当前的处境了。于是，他给老人打电话，说明自己的意思。那端的女人显得异常兴奋！他听女人说："老头子，终于有人打电话来了！"

按照地址，他敲开了那家的门，这是一个在这座边远小城常见的四合小院。迎接他的两位老人比他想象的还要老，头发都花白，而且步履蹒跚。

他正不知道称呼什么才好，却见女主人眼圈发红，嘴角抽动着说："孩子，你终于回家了！"

他觉得什么部位被猛地敲击了一下，眼睛就潮湿了。他不由自主就脱口而出："妈，儿子回来了！"他一下想起自己的母亲了。

于是，一切都顺理成章了，他被父母拥着走进屋子。一进屋，那种家的感觉就扑面而来。母亲拍打着他身上的尘土，父亲不动声色地递过一杯红糖水。他开始逐渐进入角色。母亲领着他说，你的房间早就为你收拾好了，一切都是老样子。这边是洗手间，这边是厨房。你先洗一洗，然后，咱一起包水饺。

他洗了一把脸，一边擦着，一边踱进了他的房间。突然房屋里就出现了一张放大的照片，是一个20岁左右的男孩。

那是我们的儿子。他一回头，就发现老头站在身后了。但老人说完这句话，就闭了嘴。

这时，母亲在外面嘀咕起来，洗好脸了没有，你们爷儿俩在那里磨蹭什么？老头马上换了脸色，笑着说，好了，我们就去。

水饺馅是早调好了的。母亲已在擀面皮儿了。擀面杖在她的手下发出欢快的声音。他挽挽袖子，坐下来开始揉面。以往春节在家里就是这种情景。父亲的任务是烧水，这是项轻快活，倒上水，打开炉子，就没事了。于是坐在一边，安静地瞧着娘儿俩快乐地忙活。母亲开始讲一些琐碎事情了。那些事情，他并不感兴趣，但他知道母亲喜欢，所以就听着，有时他

会插问一句，母亲把手里的活儿暂放一下，瞧着他，跟他解释。

水饺出锅以前，是要放鞭炮的。

母亲的情绪在这时达到了顶点。她站在屋檐下，看着夜空里烟花缤纷，脸上漾着光芒，指挥着说，咱们也可以点鞭炮了。于是，他点燃了，母亲竟拍着手到院子里来了，而且，在鞭炮声中，她像孩子般地跳起来！

然后，一起吃水饺，一起看春节晚会，一起说笑着。直到母亲累了，母亲说，我真高兴啊！可我是真累了。父亲走过来说，你得休息一下了。

他在那天晚上睡得非常踏实。连日的疲惫一扫而光了。当新一天的阳光照射进窗口时，他才突然醒来，一下子坐起，半天才清楚了发生的事情。

那对老人看上去神情黯然了。老太太走过来，给他系系扣子，说，孩子，我知道，无论怎样，我不会取代你母亲在你心中的位置，记着，漂泊在外的时候，常给父母打个电话，抽空儿回家看看他们……

他觉得眼眶一热，看到老太太泪水流下来了，于是伸手轻轻地替她擦拭，一边点头说，我知道了。

老头送出来，悄悄地掏出一张钱，说，真的非常感谢你，这是你的报酬，我们拿不出更多的钱来了。

他坚决不肯要。他说，你们已让我明白太多东西了。

老头仍道着谢，是你了却了我们一份心愿。你大妈，她实际上活不了几天了，她得了癌症！她最大的心愿就是陪儿子在除夕夜再吃一顿她包的饺子。可我们的儿子，他，再也吃不到了。

他根本没听清老人后来在说什么，在那一瞬间，他忽然觉得自己变了模样。

他辞别了老人，飞快地奔向电话亭，拨通了自家的电话。话筒里传来老母亲的声音时，他已是泪流满面了。母亲一下子叫出了他的名字！母亲没听到他说话，就知道是自己的儿子了！

半天，他哭着说，妈，我想回家！

电话亭里的小姐莫名其妙地瞧着他。

她当然不可能知道，这个打电话的人是一个在逃罪犯。

心灵感悟

古诗云："慈母手中线，游子身上衣。临行密密缝，意恐迟迟归。谁言寸草心，报得三春晖。"母亲的心永远牵挂着身在外的孩子，父母

对子女的爱更是至高无上、永恒不变、感人肺腑的。

"话筒里传来老母亲的声音时，他已是泪流满面了。母亲一下子叫出了他的名字！母亲没听到他说话，就知道是自己的儿子了！"这三句话虽然简短但是却能把一个年迈母亲对儿子的那份亲情表现得淋漓尽致！

天下没有不爱孩子的母亲，母爱是无私的是伟大的，不管儿子做了什么样的事，即使是他犯下了滔天大罪，他依然是母亲最爱的儿子。这正是母爱的包容，母爱的伟大。

妈妈，我想对您说

窗前的柳丝已透出丝丝新绿，柔软的枝条在风中舞蹈。小草透着浅浅的鹅黄，野花开遍了小小的山坡，一年一度的母亲节又到了。

在这5月的一天，温暖的风儿像妈妈的手，轻轻地抚摸着我的脸颊；明媚的阳光像妈妈深深注视我的目光，温暖着我的心。在这个特别的日子里，妈妈，您可知道，女儿有多少心里话要对您说。

30年前的春天我还是一个躺在您怀里的婴儿，您的乳汁是我生命的源泉，您温暖的怀抱是我幸福的港湾。您的每一滴汗水，每一滴泪水都是滋润着我幼小生命的琼浆，正因为有了您的博大而无私的爱，才有了我的茁壮成长，才有了我今天强健的身体和幸福的生活。

还记得我开始学习走路的时候，身体瘦弱的我却怎么也不敢迈出人生的第一步。于是，您耐心地将爸爸的大衣披在我小小的肩上，然后拉着两只长长的袖子，对我说，女儿，勇敢点，不要怕，妈妈拉着你呢！当我张着手小心地迈出第一步时，您的泪水竟流了满脸。您曾对我说过，您没有给我一个健康的身体，内心一直歉疚不已。可是，妈妈呀，我多想对您说，您给了一个完整的我，我已经感激不尽，我还有什么可以苛求的呢！就这样在您的鼓励下，我开始学会了走路，从蹒跚学步到脚步稳健；从害怕刮风，到顶风冒雨，我知道每一步都在牵动您的心，每一步都倾注了您浓浓的爱。

7岁，我上学了，于是，每天您都站在村头那棵歪歪的柳树下，望着我背着书包蹦蹦跳跳地跑向学校；晚上放学，您还是站在这棵树下，等我一起回家。有雨的日子您会带着雨伞，来学校接我，把我罩在伞下，您却

淋湿了衣襟。寒冷的冬天您会每天为我围上厚厚的围巾，将我的衣领紧了又紧，生怕风从每一个缝隙钻进我的身体。不知是不是因了我的瘦弱的身体才有了您更多的关爱，您的爱让同龄的小伙伴对我羡慕不已。

不觉间我已长大，要离家到外面求学了。于是，每一次离家，您一定要送我到车站。和我一起走在通向山外的小路上，您总是千叮万嘱，生怕我会忘了每一个细节。就在等车的间隙，您还会习惯地为我抻平衣角，为我扣紧纽扣，看着汽车远远地驶来，又绝尘驰去，您挥动的手臂久久地扬起，您的不舍也融入了手臂，您的牵挂也随着车的远去而飘远。当我透过车窗，看见您风中飘飞的丝丝白发，您那眯起的已不再明亮的眼睛，您的野菊花一样的多皱的脸庞，妈妈呀，我的泪水湿了衣襟。汽车渐行渐远了，直到看不见车后扬起的灰尘，我看不见你的身影了，但是我知道您一定还没有回去，一定还在望向车子远去的方向，您一定会流下离别的泪水。

妈妈，如果在5月里的一天，有一只小小的蝴蝶飞进山里，飞进您的家门，翩翩起舞于您的面前，那一定是您的女儿，您的远在他乡，常常为您多添一丝白发，为您眼角多增添的几条鱼尾纹而暗暗心焦的女儿。她在遥远的异地他乡，托这小小的精灵捎去给你的问候和祝福，请您一定要收下女儿对您的一片深深的敬意。

妈妈，村头那棵歪歪的柳树还在吗？您还会站在那棵枯老的树下，手搭额前，望向山外的小路吗？那条山间的羊肠小道，是女儿通向山外的路，女儿是那小小的蝴蝶，是那只早早便钻出树洞而展翅飞舞的蝴蝶，她挣脱了您温暖的怀抱，飞到了远方，飞到了您目光所不及的地方去了。可您的牵挂却没有因此而减少，您那随风飘动的丝丝白发，是您因思念，因牵挂而抛出的线，一端牵着我，另一端拴在您的心上。

妈妈，在母亲节的这一天，女儿寄一束鲜花给您，虽不能亲手交给您，但请相信女儿的心会同这鲜花的芬芳一起，随风飘过山岭，飘落在您的心间。

心灵感悟

想一想多少个妈妈在灯下为孩子们织毛衣，多少个爸爸在为生活奔波。让孩子们都来关心父母，孝敬父母，为了父母，为了长辈谱写一曲爱之歌吧！

父爱无价

他原本在一家外企就职，一次意外，使他的左眼失明。他失去了工作，到别处求职，却因眼睛问题连连碰壁。挣钱养家的担子，便落在妻子肩上。日长月久，妻子开始鄙夷他无能，对他颐指气使。

她日渐感到他的老父亲是个负担，整天拖鼻涕、淌眼泪，让人看着恶心。她不止一次跟他商量，要把老人送到老年公寓去，他总是不同意。有一天，他们为这事在卧室里吵起来，妻子嚷道："那你就跟你爹过，咱们离婚！"他一把捂住妻子的嘴说："你小声点儿，当心让爸听见！"

第二天早饭时，父亲说："有件事我想跟你们商量一下，你们每天上班，孩子又上学，我一个人在家太冷清。我想到老年公寓去住，那里都是老人。"

他一惊，父亲昨晚果真听到他们争吵的内容了！"可是，爸……"他刚要说些挽留的话，妻子瞪着眼，在餐桌下踩了他一脚。他只好把话咽了回去。

一个星期天，他带着孩子去看望父亲。一进门，便看见父亲正和室友聊天。父亲一见孙子，就像见了心肝宝贝似地又抱又亲，问他工作怎么样，身体好不好……他好像被人打了一记耳光，脸上发起烧来。

"你别过意不去，我在这里挺好，有吃有住，还有得玩……"父亲看上去很满足，他的眼睛却渐渐蒙起一层雾来。

等到又一个星期天，他去看父亲，刚好碰到市卫生局的人动员老人们亡故后捐献遗体器官。很多老人都说，他们这辈子活得很苦，要是死都不能保个全尸，太对不起自己了。这时，父亲站起来，他问了两个问题：一是捐给自己的儿子行不行？二是趁活着捐可不可以？

父亲说："我不怕疼！我也老了，捐出一个角膜，生活还能自理，可我儿子还年轻啊，他因一只失明的眼睛，失去了多少机会呀！要是能将我儿子的眼睛治好，我就是死在手术台上，都心甘情愿。"

屋子里静静的，所有人停住了谈笑，把震惊的目光投向老泪纵横的父亲。

他满脸泪水，迈着沉重的脚步，一步步走到父亲身旁边，和父亲紧紧拥抱在一起。

当天，他不顾父亲的苦苦反对，办好了有关手续，接父亲回家。至于妻子，他已经做好最坏的打算。临走时，父亲一脸欣慰与室友告别。室友一把眼泪一把鼻涕地埋怨自己的儿子不孝，赞叹父亲的福气。父亲说："别这样讲！俗话说，庄稼是别人的好，儿女是自己的亲，打断骨头连着筋。自己的儿女，再怎么都是好的。你对小辈宽容些，孩子们终究会想过来的……"

说话间，父亲还用手给他捋了捋衬衣上的皱褶。他再次哽咽，感到父亲的爱，在他的眼前照出一条明亮的路。

心灵感悟

人生天地之间，谁没有父亲呢？谁没有拥有无价之宝一样拥有过父亲的慈爱呢？他们天高地厚，对儿女的爱与生俱来。他们疼爱儿女，有超常的坚韧和超常的牺牲精神，只要儿女需要他们随时准备着奉献一切，甚至生命。

为母亲洗脚

母亲节那天，4岁的女儿郑重向我宣布："妈妈，今晚我要为你洗脚！"能从这么小小的人儿那里听到这么暖心的话，幸福像朝霞一样布满了我的脸。这一定是幼儿园老师为孩子们布置的作业。感动更像湖水在心中荡漾开来，谢谢幼儿园的老师们给了女儿这样好的教育。有时候，打动人心的不见得是可圈可点的具体事情，有时只需那么一句话，就能达到春雨润物的效果。充满爱的语言是我们生命中不可缺少的维生素。不是吗？

谁知女儿言必行，行必果。吃过了晚饭就在我屁股后面催着给我洗脚。为了配合她，我不得不提前洗漱。当女儿蹲在我面前，真的伸出那胖乎乎的小手，认真地揉搓我的脚时，暖意像电流般从脚底升起。我俯下身去，捧着她粉嫩的小脸，在她额头上深深地吻了一下。女儿甜甜地笑了。她知道这是妈妈对她的奖赏，只是她不知道，这一吻在我的心里真的是百感交集啊。抬起头时，我的眼前已是一片模糊，喉头紧紧的。我清楚自己

不仅是被这幼小的纯真所感动，而是这小小的举动让我感到了从未有过的愧疚。我从来没有为自己的母亲洗过脚啊，哪怕仅仅是个念头呢。是的，女儿还小，也许还不懂得现在做着的不仅仅是老师要她完成的作业——送给母亲最好的礼物，更重要的是表达出了她对母爱的回报啊。在亲情的账簿上，她没有负债。长大后，她可以扬起脸，骄傲地说，我小时候给我妈妈洗过脚。而我为母亲都做了什么呢？母亲养育了我22年，当我稍稍懂些事，懂得应该让母亲少为自己操心的时候，她却撒手人寰离我远去了。我回报母爱的愿望竟像一枚青涩的橄榄悬在思念的夜晚，什么时候想起都会是满眼的泪水，这将是我伴随终身无法弥补的遗憾！子欲养而亲不待啊。

记忆中的母亲，总是忙忙碌碌。即使在晚上也没见过她躺在床上睡觉的模样。当我一觉醒来，她还是盘腿坐在炕角，做着针线活。一只古朴的针线笸箩总有缝不完的衣袜。那枚磨得发光的顶针是母亲唯一的陪嫁。

长大后，我们成了母亲眼里放飞的风筝。风多高，我们的心就有多高，母亲从来不拦着我们，也没听她说过什么养儿要防老的话。她总说，我不怕你们飞得高、飞得远，只要你们过得好，就算没白养你们一场。

因为有了我们，母亲把自己站成了树，在贫瘠的土地里寻找着生命的养料，用无私的爱浓缩成绿色的乳汁，一滴一滴喂养我们，毫无怨言。凄风冷雨的日子她是我们头顶的伞，烈日酷暑下她是我们的一片荫凉。母亲就是一棵树啊，她把能给予我们的都奉献了出来，直到我们长大，直到她生命枯竭。她始终关注着我们的成长，我们取得的一点小小的成绩，都能让她露出欣慰的笑。一点小小的挫折都会令她牵肠挂肚、寝食不安。我们即使飞得再高，也飞不出她的视线。母亲永远和家连在一起，想到母亲心底就温暖，就有无限的力量，为了母亲，我们要好好活着。我们应该让她感到骄傲。

好好活着，是母亲给予我们的最大愿望。在她生命的最后时刻，她还念念不忘地叮嘱我们。她在疾病面前表现的乐观态度，每每让我想起除了钻心的痛还有深深的敬佩。

母亲得的是乳腺癌，发现得很晚。当确诊书拿到我们手上的时候，我们都惊呆了。医生责备我们，你们这儿女怎么做的？都严重到这份上了才来治，准备做乳房切除手术！母亲知道后在医生面前还替我们解释着，不怪他们，都怪我没当回事！可是那份愧疚、悔恨却深深埋在了我们的心上。我们真的很不孝顺，只知道自己的前程，却忽略了母亲的健康。每次

回家，见到了母亲，就只想着一门心思享受她的爱抚，却从没问过她的身体状况，要不是这次她突然间晕倒，我们还不知道母亲也会得病啊。手术前，我们做好了思想准备，千万不能在母亲面前掉眼泪，怕给她造成精神压力。当我们趴在母亲的床前时，眼泪还是没能忍住，无声的呜咽着，眼泪洇湿了被子。倒是母亲反过来劝我们，苍白的嘴角硬挤出了一丝笑意。她说，反正你们都长大了，再也不用吃奶了，我留着它还有啥用？切就切吧。母亲说这话时，轻松的仿佛在说要切水果一样。我知道，她是在安慰我们。可是手术之后，母亲再也没站起来，我们陪在她身边，看着她日渐凹下的双眼，恨不能献出自己的生命换给她。她神志清醒的时候就会说，你们上班去吧，别耽误工作，没啥大不了的，要好好活着！

母亲去世的那天正好是阴历十月初一，是为已故的亲人送寒衣纸的日子，熟悉母亲的人都说，母亲的善良、仁义感动了上苍，有许多人为她送寒衣，她再也不会受苦受罪了，她应该是最享福的了。而我们则愧疚地想，是因为母亲生前没有享受过儿女的孝顺的缘故吧。

后来，在收拾母亲遗物的时候，我在柜子里发现了一身还没有缝制好的棉衣。父亲说，这是你妈在病前给你做的，她说你末梢神经循环不好，怕冷。我把棉衣带了回来，将余下的活儿做完了。虽然缝得不如母亲好，但毕竟是完成了。在以前我除了会钉扣子，什么也不会。那些日子我坐在灯下，学着母亲的样子，一针一滴眼泪地缝，想着母亲种种的好，想着再也见不到她了，想着自己的悔恨，手指无数次地扎出了血，却一点也不感到痛。每年的冬季，总有那么几天，我要穿上母亲给我留下的棉衣，感觉是母亲在紧紧地拥着我，给着我无限的温暖。

前些日子，听到一位老大姐说起她儿子嫌她管教太严，竟说出了一句特别气人的话，"看你没了以后还怎么管我！"老大姐却用朴素的语言回答了她上大学的儿子，她说，"你是我身上掉下的肉，你身上流着我的血，即便是我身体不存在了，但是我的灵魂会变成你生命的一部分，也要帮你走完余下的路！"不知为什么，我听了以后，鼻子一直酸酸的。大姐说得多好啊，每个人都是父母生命的延续。有许多的人在年轻的时候也许鄙视过父母，看不惯他们的行为，认为他们老土，但随着年龄的增长，他们会变得越来越像他们的父母，不仅是长相、是神态，甚至是性格、习惯。这就是生命延续不可阻挡的力量。

想起这些，慢慢地我不再为没有能够亲自给母亲洗脚这事感到郁郁寡

欢了。是的，母亲已经不再了，但她从未走远；相反，她表面上的离开正是内心深处的走近。她融进了我的生命，我一回头一转身，就能看见她充满慈爱的目光。我以后要走的路，再也不是我一个人的，而是我和母亲两个人的。我继承了母亲的善良、勤劳，时时用她的热爱生活的乐观态度鼓起自己生活的勇气，行着她的行，爱着她的爱。因为我也是个母亲，我的母亲就是我的榜样，我是女儿的榜样。我只有做得更好，才能够报答母亲的养育之恩。这不比为她洗一次脚更能让她感到欣慰吗？

月光下的鞋架

　　随着职务的提升，我的应酬也多了起来，回家也再无规律。妻子渐渐习惯了，母亲却每晚坚持在她的房门口等到深夜，看到我进门才肯睡去。

　　一次深夜回家，母亲还没有睡，显然是在等我。我带点责备地说她："娘，不用惦记我。您这么大年纪了，该多休息。"母亲结巴着说："娘……是担心你……"

　　母亲只有我这么一个儿子，父亲早亡。在母亲43岁那年，一场意外使她双眼失明，此后她便生活在无光的世界。我结婚后，母亲便搬来跟着我们同住。我知道她是关心我，但母亲的身体也不好，我哪能让她为我守在门口。还好，我说过之后，母亲便没再等我回家。

　　有一天夜里，我回到家时，刚好听到大厅墙上老式挂钟报时的声音。抬手看看表，半夜12点。"他们应该都睡了吧。"我轻手轻脚地换鞋进房

间……第二天吃早饭时，母亲突然对我说："你昨晚怎么回来那么晚？都半夜12点了吧？这样不好……"我一下愣住了，母亲怎么会知道得这么清楚。此后，每次我回家晚了，第二天母亲总会大概地说出我回家的时间——她是在提醒我别回家太晚，提醒我不能对家过于疏淡。而我心头的疑问也越来越大：我每次晚归，母亲是怎么知道的呢？

那晚，我又是临近零点才回到家中。因为酒喝得太多，我悄悄地去了阳台，想清醒一下。大厅又传来报时的钟声，12下，悠长而有节奏感。我准备踱回房间，一回身，我呆住了，在月光下，母亲正俯身在鞋架前，摸索着鞋架上的一双双鞋。她拿起一双放到鼻子前闻一闻，然后放回去，再拿起另一双……闻到我的鞋后，她才放好鞋，直起身，转回她的房间。

原来，母亲每天都在同一时间，等待我的回来。我的泪水悄然滑出眼眶。我已经习惯以事业忙碌为借口疏淡对母亲的关心，但母亲却从没停止对我的牵挂。从那以后，我尽可能拒绝一些应酬，总是尽量早回家。因为我知道，家中有母亲在牵挂着我。

母亲63岁病逝。她去世后，我依然保持着早回家的习惯。我总感觉，那清朗的月光是母亲留下的目光，每夜都在鞋架前查看我的鞋子，每夜都在等她的儿子回家。

心灵感悟

纵然走遍万水千山，你永远也走不出母亲的胸怀。你就像一只风筝，走得越远，拴在母亲心头那根长长的线就绷得越紧，母亲的心就悬得越高。抬头看看那清朗的月光下，你能感觉到吗？母爱的光辉与月亮同在。

你长大后，是否也能在危难时将父母举过头顶

一次小小的聚餐上，吃得仓促，却聊得开心，一位姐姐聊起自家孩子，是个小姑娘。

某次问起："妈妈，什么是父爱和母爱？"

"给你讲个故事吧，很多年以前，在中国的黄山上，发生了一起缆车事故，缆车垂直掉下山崖，车里的17个人，无一例外，全部丧生，只有一

个2、3岁的孩子，存活了下来，因为，在缆车掉落的瞬间，他的父母把他举过头顶，作为缓冲，挽救了他的生命，这就是父爱和母爱"。小女孩略有所思。

母亲又说，"如果当时是我们在缆车上，爸爸妈妈也一样会把你高高举起，把生留给你。"

"如果将来爸爸妈妈老了，老成像一个小孩子一样，遇到危难的时候，你会怎么做呢？"

女孩毫不犹豫的回答："我会把你们两个都举起来，把生留给你们"。

"谢谢好女儿，但这是不可能的，我们还是会把你举起来的，因为那个时候你也会有自己的家庭，你也会有自己的宝宝，而我们都那么老了，已经没有活的必要了。"

女孩认真地想了想，"妈妈，那我还是要把你们举起来，孩子可以让你来养。"

这个时候，姐姐已热泪盈眶，我也借着毛血旺的辛辣赶紧擦泪擦鼻子，同样身为母亲的我，深深为孩子纯真的心纯真的感情感动了，恐怕世上再没有比这更催人泪下的。

我也有过小时候，那时，妈妈就是我的天，她的气息和爱能够随时笼罩我，给我无尽的安心和自由去做任何事；回想那时的我，曾发过誓言，就算妈妈老去，我也不会嫌弃她，要用她爱我的心全力去爱她。可长大了的我，渐渐丧失了一种情感，小时候的誓言还印在脑中，但一遍遍的牢骚和过度关爱，让我忍不住生烦。想起儿时的我，比别的孩子更喜欢问为什么，妈妈却从未因此把我丢一边冷落我，反而耐心地解答，和如今的我，成了鲜明对比。

也曾在她眼中看到过哀怨，也曾不时听到她的叹息，自问一下，我，是太冷漠了，冷漠到不知，冷漠到无视。

妈妈已渐渐老去，渐渐变成孩子，我想，是该改变一下态度和做法了，该由我来报答母恩！

心灵感悟

母亲为我们付出了太多太多，我们这一生都难以偿还。每当我们这样说时，母亲总是和蔼地说："母亲为孩子付出，是理所当然的。等你

长大了，有了孩子，你也会将自己所有的爱奉献给他的，你也会像我现在一样，不会向儿女索取什么报偿。"等母亲白发苍苍时，我们也会像您当初爱我们一样去爱护您。

算命

1988年8月26日。

这是我18岁的生日，在生日的前一天，我收到了一所大学的录取通知书。

在我们那里，有长寿面这样的说法，而且，过生日还有吃鸡蛋的习惯。所以到了我们兄弟三个生日的时候，小寿星一定能吃到一碗鸡蛋面，不是寿星也不吃亏，可以吃到鸡蛋，那种白煮的土鸡蛋，蛋黄很黄，而且有点香。

那时候大弟已经初中毕业，在县城做水电安装，所以没在家里。小弟读初二，有幸和我一起分享生日，特别是成为一个大学生的喜悦。父亲刚从地里回来，在院子里洗澡。坐在桌子边上等着面条的我，理所当然地带着骄傲，我想那时候的小弟，一定是羡慕着我这样的骄傲。

和往常一样，母亲给我做了一碗鸡蛋面。母亲把面端给我，又回厨房给小弟拿来了两个鸡蛋，然后就坐了下来，坐在我们兄弟俩的身边。

我一边享受我的长寿面，一边还翻着报纸。我是村里第一个考上本科的大学生，所以在我偶尔的快乐瞟向母亲和小弟的眼光中，一定也带着骄傲。

父亲进来了，坐到了我们的身边，也翻起了报纸。父亲突然对母亲说了一句话：

"现在，你的心事可以放下了吧？"

我很奇怪，母亲有什么心事。小弟也奇怪，于是追着母亲问这心事是什么。

母亲就说了："我给你哥去算了一命。瞎子先生说，你哥要不是个大学生，要不就是个短命鬼。"

小弟"啊"的一声，叫出了我们共同的惊诧。

我一下子就想起了最近几个月来母亲看我的那种怪怪的眼神。我一直在奇怪，母亲过去不是这样看我的。我原来以为是她还在责怪我不听她的

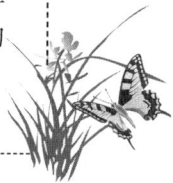

话，和那个女同学保持着我们的"恋情"。我以为是她想让我终止这"恋情"，但又怕影响我的情绪，影响我的学习。

那一刻我知道了，几个月来母亲看我的眼神中，更多的不是责怪，而是担忧。她担忧我因为"早恋"而考不上大学，更担忧如果考不上大学，我那"短命"的"命"。但是她什么也没说，这样的担忧，只有她知道，只有她和父亲两个人知道。

幸亏——幸亏我考上了，我把自己的命转到了可以让母亲放心的方向。

15年过去了，我还好好地活着，看来瞎子先生的话还真准了。但是15年里面，我是不是就让母亲不担忧了呢？

没有，绝对没有！

在我上了大学以后，在我参加了工作以后，母亲又为我算过很多次的命。现在母亲似乎已经放心了我的长命，但是她还是担心我的前途，担心我的婚姻。特别是在我和那个女同学之间的关系结束以后，十几年来母亲动员了各种各样关系和力量，一次次地为我安排和各种各样的女孩子见面，但一直没有结果。

常常在奉命见人家之前，母亲就会去给我算一次命，有时候她会告诉我瞎子先生或者"活菩萨"的话，有时候什么也不说。但是母亲的眼神不会掩饰每次算命给她带来的失望或者希望，母亲的眼神一次次地告诉我：她一直在担忧着我。

今年春节的时候，我已经确定了过年以后就离开老家去几千里外的一个城市追寻自己的梦想。母亲又去见瞎子先生了。母亲告诉我：

"过了年你就是34岁了，先生说，34岁你做事情会很顺，而且，34岁了你的婚姻也会有结果了。"——母亲说这话时，眼神是开心的，但是这种开心似乎又是很不确定。我想，是因为这么多年算命下来，真正"准"的次数太少的缘故吧。

我又想：我这命，母亲算得太累了，是该我自己为自己造一个好一点的命，让母亲少一份担忧的时候了——虽然她的担忧永远不可能停止。

🌱 **心灵感悟**

时间永远不会停止，永远停不了的还有母亲的牵挂。

没有无私的母爱，孩子的心灵将是一片荒漠。母爱的博大，足以和日月齐辉，母爱又是细微的，细微得犹如那一段段纤纤细线——博大与细微在母爱这里找到了最好的契合点。母亲永远会把释放自己的爱给孩子看成是一种快乐和满足，而很少去祈求回报。

谁是给你幸福的人

我爱我爸，正如他爱我，我们的固执和任性有着惊人的相似。20年来我们不断用眼泪、吵闹和拳头来加固亲情。我们吵架，常把一旁的母亲急哭："两头牛！两头牛！"

感谢上帝，我只为他过过一次生日。那天我砸碎了小瓷猪，买回了双层大蛋糕和数字蜡烛。布置餐桌时老爸一副受宠若惊的样子在一旁为我打下手，我哼着歌把"42"和"19"的蜡烛都插上了蛋糕。泪光点点的爸愣住了，我扬起头，用下巴指了指对面笑意盈盈的男友："巧得很，你们正好相差23岁，一起过吧。"男友有些窘，赶紧冲爸爸笑了笑，那神情像是个会上坐错了领导位置的小秘书。老爸不笑，脸冰了下来。

男友要缓和气氛，举杯时问我："做周叔叔的女儿是不是很开心哪？"我稳稳地接住他抛过来的眼风，却舌尖一扭喊出句豪言壮语来："我不下地狱谁下地狱！"——没人认为我是在开玩笑，包括我自己。

因为这句话，散席后男友第一次在大街上和我翻了脸。他说："你怎么能这么说你爸爸？我今天才知道你太冷血太没感情了！"后来，我和他分了手，为了他的不懂我。

相信我，我爱我爸，真的。我尊敬他，崇拜他，但这并不代表动物们敬畏兽中强者，所以羚羊就会去亲近一头猎豹。他太严肃了，稠得调不开，他求全责备的家教有时真逼得我想遁入空门。女儿在他的腹稿里，应是一个才比班妃、德逾无盐的美丽海伦，可惜我的执拗和玩世不恭每每把自己炮制成个无才无德又对不起观众的女孩。

难为他了——40多岁的中年人，还经常被客人撞见正挥着坐垫和女儿短兵相接地打架，就为了这个孽障的一个极不优雅又极不肯改的坐姿。

收到省外大学的录取通知书，那"XX大学"四个字在我看来却怎么也要变成"熬出头了"的样子。我像北方地窖里的一棵大白菜，捱过整个暗

无天日的冬天，终于在开春时被拎了出来。我简简单单地收拾完行装，几番风雨路三千，奴去也！留下了一地瓜子壳和糖纸。还有故意摊开放在桌上的日记，上百篇怨气冲天的随笔后面是一页真情告白："风萧萧兮泪水干，美女一去兮不复返！"

后来姐姐打电话来把我臭骂了一顿，她说爸爸看了那本日记，当场撑不住就哭了，整整一个星期眼睛都是红的。我在电话里笑得好得意，我说："他也有今天，他不管我啦，他不训我啦？"然后扔了话筒就往洗手间跑，泪水喷涌而出。

异乡的悲欢岁月，小城里人情冷暖，家里每每来电问起，我从来只是报喜不报忧。自由是自己要的，孤独是自己找的，委屈就自己吞了。只是爸爸，从不知道他竟有如此善解人意的一面，他似乎同步洞察了我的喜怒哀乐。每个周末必寄达我手中的家信上，写满了过来人的开导，假设我学习上有困难，假设我人际上碰到问题，假设我遭遇失恋，假设……我总是不以为然地撇撇嘴："哼！又教导人呢。"唇边却漾开了释怀的笑。打开手机，全是他转发来的搞笑短信，他怎么就知道我一天的坏情绪都会被这些给驱散呢？

复旦要邀请李杭先生做一场报告《我的父亲李苦禅》，我在网上看到了这条消息。我不喜欢书画，我天生就不是父亲理想中那种全才淑女，但我感到心中某根弦被很微妙地拨了一下，有一股强大的驱动力让我萌发了一个念头：我要向李先生要一份礼物！

5个小时后我到了上海，正好赶上晚上的讲座。台上关于苦禅画风、笔法、人品的种种介绍引不起我丝毫的兴趣，在20年来父亲的强硬灌注下，这些我早已耳熟能详。我只是不停地往上递字条，一遍遍地向李杭先生讲述我父亲对苦禅大师的景仰、对苦禅作品的虔诚珍藏，以及屡次购买真迹时的艰苦和失败——尽管我清楚，想借此赚得同情而获赠一幅苦禅先生价值连城的墨宝根本无异于痴人说梦，但我还是辛苦而执著地写着、递着，一遍一遍。我慢慢地被自己感动着，想哭的冲动一点一点涌上来。

可是没有人理我。十几张字条像是都被传飞了。我坐在后排，像一只孤苦的母雁翘首找寻和等待着自己失散了的孩子们。

等讲座结束，我一把揪起提包就往台上冲，可是热情的复旦学生太多了，李杭先生周围早就围了个密不透风。我站在一堵堵肉墙之中，肩膀早已被挤得变形，我咬牙立着，等着，前面那些美术系科班生的冗长提问没完没了。

40分钟过去了。人群渐渐散去，我总算可以站在李杭先生面前结结巴巴地复述完了自己的请求，我感觉自己的脸早已红得像个煮熟了的醉虾。他大度地笑了笑，没有反感我的不懂事，显然他已明白那一大堆笨得要命的字条是谁写的了。

"你——爸爸？"

"对。我爸爸只是公务员，薪水不高，可是他已经收藏了苦禅先生的两幅作品，您知道这样的奢侈品对我们来说并不容易，"我的语速飞快，仿佛因了某种坚定而无需再组织语言，"他是真的相当崇拜您父亲，我是说，您能给我一样有关苦禅先生的东西吗？最好是作品，当然不行就别、别、别的……"周围几位老师都善意地笑了。

我继续讲下去："我想替我爸爸向您要这些东西。我只是想让爸爸高兴——您知道他会高兴成什么样子！"

就在我快要绝望的时候，他请旁边的老师记下了我的地址。

我是如此地感谢李杭先生对一个素昧平生的孩子的关爱。14天后我收到了一封挂号信，里面的小信封内是五张苦禅大师生前的生活照和一张李杭先生的名片。

我把信封吻得温热如棉。我的父亲！爱是什么呢？你快乐于是我快乐啊！我原样粘好信封，夹了一张匿名字条进去"您对书法收藏的执著令人动容，今有苦禅大师遗照数张，一并相赠，望笑纳。"

我不愿意让他知道我是谁，而事实是我已擅长于在他面前扮演桀骜不驯的坏女儿，至少那使我自然。我没有习惯当承欢膝下的乖孩子，为他做任何温情的事都会让我觉得有刻意之嫌而别扭。

那晚我一直没睡好，我幻想着老爸的笑容而乐不可支。我突然明白过来自己是如此的有罪：从小到大父亲为我做了那么多的事，而这——这是我为他做的第几件事？

我为自己的发现而羞愧难当，诚惶诚恐。

更让人乐不可支的事在后面。老爸收到了信，竟然大脑不跟小脑地往李杭先生家里挂了电话，据说李先生被搅得一头雾水。

经不住他的追问，我在电话里承认了"罪行"，他在那边轻轻地说："……谢谢你，我的妮，爸爸很高兴。"

"爸。"我的喉头一阵发紧，"我不乖，我年年过节都不回家……"

"我们每年都盼着你能回来，爸爸知道……回来！你今年一定要回家，

妮！你妈早就准备了一大堆好吃的等着你呢！还有，还有……"

"什么，爸爸？"

"还有，妮！你给我听好了，我们已经有两年没有打架了！你是不知道，那坐垫长期不发挥作用，已经被你妈坐得扁扁的了——就像你小时候喜欢仰睡，被压扁了的后脑勺一样。"

心灵感悟

世上总有一些弥足珍贵但却常常为我们所忽略、漠视的东西，如像泥土一样默默的父亲。父爱的沉默、无私，将深沉真挚的情感寓于朴实无华的行文之中，在平实之中给我们以感动。

我们因为父亲的严管深教往往萌生极大的怨言和反抗情绪。把父亲看成是冷血的动物加以批判。其实当若干年以后再回过头去看的时候你会发现，父亲当时是多么的爱我们，尤其是当他们承受我们误解的时候，是那么的缄默。这种感情是何等的珍贵啊！

不论多大，做子女的在父母眼里都是一个孩子，一个永远被父母惦记、牵挂、疼爱的孩子。不论走多远，父母的心都是一个家园，呼唤着远方的子女，让我们知道根在哪里，家在哪里，爱在哪里。

父亲的爱永远是沉默的，父亲的爱是一种大爱、博爱；泥土永远无言，它只是用它独有的方式，告诉人们它的存在。

继母的高凳

渐长渐大的女儿已经能够自己动手吃饭了，椅子上放一张小矮凳，稳稳地坐在上面。我的母亲也辞别了她那张高高的凳子，爱上了椅子，搬来坐在我女儿的身边。母亲总喜欢把她小孙女的碗优先盛得满满的，全是好吃的，很多时候女儿吃不下，剩下来的饭菜就被母亲倒进自己的碗里，慢慢地吃，倒也其乐融融。

母亲日益苍老，花白的头发，深深的皱纹，但她的爱似乎永远年轻，无声无息又铺天盖地。我常和母亲谈起我儿时的事情，谈得最多的就是吃饭，那时候母亲总是喜欢那张高凳，我则坐那张刚好够到桌子的矮凳。说

到这些，母亲只是在一旁静静地听着，微笑着而不作答。

我7岁的时候死去了娘，10岁时母亲走进我的家门，成了我的后妈。俗语说"宁死当官的爹，不死讨饭的娘"，失去娘的生活够困难的了，但乡亲们说，后娘的心是六月的太阳——毒透了，他们的眼睛似乎告诉我，更悲惨的生活还在后面。其实，即使乡亲们不说，书籍电影中关于"继母"的故事已经太多太多，在母亲走进我家门的一刹那，我就把敌意的目光送给了她。

父亲在乡村小学做代课老师。日子过得紧紧巴巴，母亲来了以后又种了两亩地，生活渐渐好转，但依然会为吃穿的事儿发愁。一间茅草屋，两张破床，家里最值钱的恐怕就是那张传了几代的大方桌。每天，我们一家人就围在上面吃饭。青菜饭、萝卜饭是那时常见又有点奢侈的生活，父亲通常会问我一些学习上的事情，而母亲的话不多，坐在一张高高的大凳上，手中的碗也举得高高的，吃得有滋有味。我则被安排在一个矮凳上，刚好够着大方桌。我常常拨弄着碗中的饭粒而无从下咽，心中无比的委屈，要是妈妈在世，那大高凳可是属于我的。可现在……更气恼的是我连她吃的什么都看不见！

我终于寻找到了一个机会，一个让母亲知道我也不是好欺负的机会——我找到了一把旧的小钢锯。趁母亲下地劳动的时候，我搬来那张原本属于我的高凳，选择一条腿，从内侧往外锯，直锯到剩下一层表皮。从外面看凳子完好无损，但我知道，稍微有些重量的人坐上去准会摔跟头。那天中午，母亲烧的是青菜饭，先端上的是我和父亲的饭碗，我坐好自己的位置，埋头吃饭，心里有些忐忑不安却又希望发生些什么。母亲端着她的大碗，坐在大高凳上，手中的碗照样举得高高的，依然吃得有滋有味，——我的计划落空了，她并没有从高凳上摔下来。

我一边回答父亲的提问，一边偷偷把脚伸到母亲的高凳旁，希望把那条断腿给弄下来，偏偏够不着，未能如愿。天生不愚笨的我故意把筷子掉到地上，趁拾筷子之际，脚用力一蹬，"喀嚓"一下，全神吃饭的母亲根本不会想到凳腿会断，"哎哟"一声被重重摔在地上。碗没碎，母亲摔下来的时候尽力保护着它，但碗里的青菜洒满一地，母亲的衣服，脖子里都沾上了——母亲的碗里全是青黄的菜，仅是菜叶上沾些米粒。平时被我认为是难以下咽的米粒，在那一时刻、在青青的菜叶上，却显得那么的生动，又是那么的珍贵！

我终于明白，母亲坐得那么高，碗端得那么高，是害怕我看见她碗里的枯黄的青菜，她把大米饭留给了我和父亲！也就在那天，就在母亲从地上爬起来的时候，就在父亲举起手来准备打我屁股的时候，无比羞愧的我扑在了母亲的怀里，喊出了我的第一声、发自内心最深处的："妈妈……"

心灵感悟

发自内心地喊了一声："妈妈……"冰释了心中因误解而来的怨恨，取而代之的是发自内心的感动和爱。每一个母亲都会爱自己的孩子，更多的时候胜过爱自己，正是因此有人说："孩子是母亲的半个生命。"更有一些伟大的母亲，不仅爱自己亲生的孩子，也爱自己的继子、继女。这种母爱之伟大超越了生命，超越种属。这深深的母爱，如干渴时的一杯水，让你的心田得到滋润，是你生命的鲜血，让你充满青春活力。母爱是空气，永远供你呼吸。有她的存在，你的生活中就永远充满感动。

母亲为我存在

自从他考上大学，就很少回过老家。五光十色的城市生活让他眩晕、痴迷、幸福、不知所措。他拼命学习，只为让这座陌生的城市能够接纳他。最终他真的留在城市了，并且通过贷款，购买了一套3室一厅的住宅。母亲没有来过城市。他连婚礼都是在城里举行的。

婚后好几年，除了春节，他从来不曾回过老家。儿子想奶奶，跟他闹了好几天，最后他只好跟妻子商量能不能把母亲接过来住些日子。妻子同意后，他给母亲打了个电话。他说您来住一些日子吧。母亲说我在城里住不习惯。他说您就来吧，小宝说他想奶奶。母亲想了想，最后说，好吧。

就这样母亲来到了城市。那是她第一次来到城市，城市让她极不舒服。

母亲带来两个蛇皮口袋。一个口袋里装满了刚从菜园里摘下的新鲜蔬菜，一个口袋里装满刚从地里掰下的青玉米。那样的蔬菜城市里到处都有卖，价格很便宜；那样的青玉米卖得更多，他们早已经吃腻了。母亲带来她所能带过来的乡下的所有，却唯独没有带来乡下的习惯。她战战兢兢地在屋子里走动，小心翼翼地和他以及他的妻子说话。50多岁的母亲知道城

128

市和乡村的区别，知道装修豪华的楼房和简陋的乡下草屋的区别，即使住在儿子家，她也不能太过于随便。

他忙，不可能时时陪着母亲。妻子也忙，她得去公司上班，去健身房健身，去电影院看热播的大片，去业余班学英语、学会计……他们把母亲留在家里，让儿子陪着她。妻子对母亲说，这是马桶，按下小钮，冲半桶水，按下大钮，冲整桶水；给小宝热牛奶的时候，用燃气灶，往右拧这个开关，就能打着火……

母亲的表情就像一个懵懂的孩子。这么多事，这么多规矩，她怕记不过来。

母亲小心翼翼地关上门，愣愣地坐在沙发上。她不敢用抽水马桶，不敢动电视，不敢开冰箱，不敢接电话。后来她不得不硬着头皮打开了燃气灶，为自己的孙子煮了一杯牛奶。那个上午她只动了燃气灶，却差点儿闯下了天大的祸。

中午他回家时，闻到一股很浓的煤气味。孩子在卧室里睡觉，母亲坐在沙发上摘着青菜。见了他，母亲说，我头有些晕。他不答话，冲进厨房，见燃气灶的开关开着，正嗞嗞地响。他连忙关掉燃气灶，打开厨房的窗户，又冲进卧室，打开阳台的窗户。他一个房间一个房间跑，一扇窗子一扇窗子打开，母亲惊恐地看着他，脸色苍白。母亲说出什么事了吗？他说没事，脸却黑得可怕。母亲垂下头，她知道自己肯定闯下了祸。她不敢多说一句话。

不久妻子还是知道了这件事。晚上她把母亲叫到厨房，再一次跟她讲解燃气灶的用法。她说多险啊，如果不是他中午回了趟家……母亲说我吹不灭火，就用湿毛巾把火捂灭了。母亲说我不住了，在城里真住不习惯，以后，还不知道会闯下什么祸……

母亲第二天就回了乡下。这时他才想起来，母亲竟一次也没有用过家里的洗手间。母亲腿脚不便，可是她仍然坚持去一公里以外的公厕。母亲留下的那些青菜和青玉米，他们吃了很长时间，还是没能吃完。最后只好扔掉了。

第二年春天他的生活发生了重大变故。妻子带着儿子与他离了婚，一个完整的家瞬间破碎。那些日子他每天生活在浑浑噩噩之中，终于被公司解聘了。他重新变得一无所有，整天闷在家里，借酒浇愁。终于有一天，他在横穿马路的时候，被一辆汽车撞倒在地。虽然没什么大碍，可是需要卧床养伤。医生说，你需要在床上至少躺半年的时间。

母亲再一次进了城。这次是母亲主动要求来的。他不想让母亲看到他现在的可怜模样，他劝她不要来了。母亲说我还是去住些日子吧！他说您不是住不习惯吗？母亲说会习惯的。来的当天母亲就用燃气灶给他煮了晚饭。母亲说，你放心，煮完饭，我不会忘记关掉燃气灶的。

他惊讶地发现，母亲竟然表现出惊人的适应能力。她把冰箱整理得井井有条，每次关冰箱，都不忘看看冰箱门是否关严；她修好了一把断了一条腿的木椅；她把空调的温度调得恰到好处；每当有敲门声，她总是先问一声谁啊，然后再通过猫眼看清门外的来人；她把洗手间和地板拖得一尘不染；她用微波炉给他烤面包；用果汁机给他榨新鲜的果汁。甚至，母亲还帮他发过一个传真，那是他的一份求职材料。

母亲在几天之内迅速变成了一位标准的城市老太太。她无微不至地照顾着自己的儿子，就像在乡下照顾小时候的他。

后来他的心情好了一些，没事的时候，就和母亲聊天。母亲说昨天我去超市买菜，问楼下的老大姐，她说现在写作得用电脑。他说都扔这么多年了，还是算了吧。母亲说不能算了，我明天给你去电脑城问问。我问过那位大姐，她说组装的电脑会便宜一些。我有钱呢。母亲说完，从口袋里摸出一个纸包，打开，里面包了一沓钱。母亲说是我这几年攒的，四千多块钱，给你买台电脑吧。

第二天，母亲真的一个人去了电脑城。中午她没有回家，只是打回来一个电话。她说你要17的显示器还是19的显示器？17的便宜，也清晰，但太小，看着可能累眼睛。内存和显卡……那一刻他简直不敢相信自己的耳朵。一个跟泥土打了一辈子交道、识的字肯定不会超过100个的农村老人，竟然说出了显示器、内存、显卡！只要他需要，那么，母亲就必须弄明白这些。因为她在为他做事，因为她是他的母亲。

等电脑买回来后，他真的开始了写作。开始当然不顺利，不过也零星发表了一些。随着发表量越来越大，他的心情也越来越好。半年以后，他几乎完全变成了另一个人。他想，假如没有母亲的鼓励，假如没有这台电脑，那么，他不知道自己那种灰暗的心情，还能够持续多久，他会不会天天泡在酒杯里，永远消沉下去。现在他彻底忘掉了自己的不幸，感觉生活一天比一天美好。

突然有一天，母亲在客厅里摔了一跤。他过去扶起母亲，母亲说，地板太滑了，这城里，我怎么也住不习惯。那一刻他努力抑制了自己的眼

泪——母亲为了他，几乎适应了城市的一切；而他，却从来没有想过让这个家适应自己的母亲，哪怕是换成防滑的木地板。

他说明天我就找人把地板换成地毯。母亲说不用了，明天我想回去。他问为什么？母亲说因为你已经不再需要我的照顾，我留在这里，只会耽误你写作。还有，地里的庄稼也该收了，怕你爹他一个人忙不过来。

他求母亲再住些日子，可是母亲说什么也不肯。她说我真的住不习惯。地板、燃气灶、微波炉、冰箱……都不习惯。如果你想我了，就回乡下看我。

他叫一声妈，泪水滂沱——当母亲认为他需要自己，她会迅速改变自己多年的习惯，变成一位标准的城市老太太；而当她认为自己已成为累赘，又会迅速恢复自己的习惯，重新变回一位年老的农妇，远离儿子而去。似乎她的一切都是为他而存在，为他而改变。她的心里面，唯独没有她自己。

心灵感悟

母亲的习惯和不习惯完全不是因为自己的喜好，而完全是为了儿子。为了照顾儿子，她能够让自己适应一切，为了儿子她甘愿付出自己的全部，尽管那些她或许根本不知道是什么意思。正如文中所说："当母亲认为他需要自己，她会迅速改变自己多年的习惯，变成一位标准的城市老太太；而当她认为自己已成为累赘，又会迅速恢复自己的习惯，重新变回一位年老的农妇，远离儿子而去。似乎她的一切都是为他而存在，为他而改变。她的心里面，唯独没有她自己。"

请你尊重我父亲

长大之后我才慢慢体会到，两个男人之间，两个有着血缘关系的男人之间，那种最深的情愫，原来是不能用语言传递和表达的，就像我现在，和一天天苍老的父亲，我们两个人，总是相视着憨笑，傻笑，最后两个人同时"嘿"一声，继续做别的事情。

没有人知道，从小到大，当我穿梭于城市的楼群之间，当"小商小贩禁止入内"的字样闯入我的眼帘时，我的心里会有怎样的针扎般的酸楚。

父亲就是一个蹬着三轮车卖水果的小商贩，他用那辆破三轮车，走街串巷地辛苦劳作，起早贪黑地蹬着三轮车卖东西维持我们一家人的生计。

印象中，父亲总是很沉默，他不爱说笑，也丝毫没有生意人的精明和能说会道。小的时候，感觉父亲好像只会不停地摆弄整齐他满车的水果。

我知道自己是穷人家的孩子，贫穷不仅给父母带来了生活上的窘迫，也让幼小的我感觉到了有钱没钱的巨大差别。

比如，我穿得很土气，全是一些街坊邻居接济我的旧衣服，我没有任何玩具，唯一的零食是父亲卖不掉的水果。那个时候看到某个同学衣服挺括、气宇轩昂的父亲，我就非常羡慕。我简单地想，一个大老爷们，一辈子就蹬着个破三轮卖水果，也太窝囊没志气了。就算职业无高低贵贱之分，那人家卖水果的怎么能形成铺子，咱们为什么只能在三轮车上卖呢？再有就是父亲一天下来水果早早卖完，就兴奋得跟个孩子似的，把他的破三轮车擦了一遍又一遍，我总是冲他翻白眼，觉得他没出息到头了。

上初一的那个寒冬，有一天早上下着大雪，我不想穿那件别人送的土得掉渣的旧黄棉衣，着便装怕迟到一溜烟跑了。

结果我跑到学校后，冻得浑身直哆嗦。当时的学校未通暖气，都是生着小煤炉，教室里也很冷。

第一节课刚下课，就有外班的同学喊我，说有人找我。

空旷的操场上，雪很厚，雪地上只有父亲的一深一浅的脚印和三轮车的辘辘印。他穿的那件很不合体的棉大衣掩盖住了他的瘦小，头上也没有戴帽子，脚上是一双被磨偏了底的棉鞋，他的车上满是水果，用棉被盖着。我低头迎去，父亲用左手一个一个地解开大衣的扣子，松开他一起紧夹着的右臂，从腋下取出一件新的防寒服，赶忙塞给我："刚才我瞅雪越下越大，你也没有穿个棉衣，就去给你买了一件，学习累，别冻坏了。"

父亲一直看着我穿好后，才去系好他的大衣扣子，推着他的水果车，在风雪中渐渐离去。他的棉大衣，简直已穿成个破单衣片儿了，在风雪中飘来荡去，很滑稽的样子。

我穿着还带着父亲体温的新衣服，风雪模糊了我的双眼。以前我总是担心父亲在同学面前出现，我怕同学笑话父亲是个底层的小商贩。可是那天我看着父亲在风雪中瑟瑟发抖的背影，想到在冰天雪地里四处卖水果的艰辛，我心如刀绞。

下课我望着天边的白云，荒唐地企盼，如果冬季从四季中消失，一年

里只有春夏秋，那该多好啊！

以前我一直以为父亲是不会哭的，即使是在我上高一，母亲患肝癌永远离去的时候，父亲几天几夜没合眼，他都没有流泪，也可能是不当我的面哭泣吧。

母亲去世以后，父亲则显得更加忙碌了，为了给我攒上大学的学费，父亲白天卖水果，晚上就去蹬三轮拉客人。父亲没什么文化，我知道，他是怕我读不好书，以后找不到工作。父亲常在凌晨才回来，我起床上早自习时，父亲早已蹬着三轮去批发水果了。

我们父子俩，常常好几天不打一个照面儿。

因为妈妈生病住院，我的功课落下了许多，而没有了妈妈的管束，我好像一下子失去了生活的方向，我不明白命运为什么要这样捉弄我们这样的贫苦人家，我不明白慈爱的父母怎么会一下子就没有了。

我很害怕一个人呆在家里，我拼命想往热闹的地方钻，我跟着同学打游戏、溜旱冰、逛街，有时候接连几天不回家。依稀记得那是个星期二的早上，父亲居然没有去批发水果，他疲倦的身躯靠在门框上，仿佛一时间苍老了许多，父亲看着我久久不语，默默地递给一块面包。

然后父亲又去收拾车子准备出门了，临走时父亲只说了一句："我没照顾好你，你又瘦了！我怎么对得起你妈呢？"

当父亲转身而去的时候，我看到父亲眼角渗出了一滴晶莹的东西，阳光下，那颗泪水折射出强烈而夺目的光彩，刺得我连忙闭了双眼。

父亲哭了，从未在我面前哭泣过的父亲哭了。

我捧着那块面包，怎么也吃不下去。好像有什么东西在我胸腔中肆意翻滚着，涌动着，我羞愧难当，无地自容，我真想追上父亲，让他狠狠地打我一顿，骂我一顿。因为父亲这滴泪水，我完全抛弃了贪玩的恶习。

我考上了大学，在我生平第一次远离故乡去外地读书的前一天晚上，父亲跟我说了许多许多。长这么大，从未和父亲有过深谈，一直到深夜我在父亲的话音中和衣睡下，我感觉到父亲并没有起身离开，而是静静地看着我，看着这个让他疼爱一生的儿子。睡梦中，我似乎又看到父亲的眼泪，和上次不同的是，父亲笑了！那晚我觉得很温暖，很安全……

上大学后，父亲怕在异乡的我为他担心，有什么难处都瞒着我。为了给我挣学费，父亲什么样的苦活累活都干过，当过搬运工，收过废品，给人擦过玻璃，洗过抽油烟机。

放假回家的时候，我常陪着父亲坐着闲聊，我发现，他的肩膀并不像我想象的那么宽阔，他脸上的皱纹也突然多了许多，父亲的眼神很不好了，头发基本上白了。可他依然要乐呵呵地出去找点事做。

大一的那个假期，我第一次陪父亲去卖水果。

很新鲜的水蜜桃和西瓜。我蹬着三轮，让父亲坐在车上的空当处，烈日下，我的肩膀被炙烤得疼痛不堪。

好不容易来到一条宽敞的街道上，一株法国梧桐下，父亲执意让我停下来休息一会儿。

就在我们父子俩坐在路边喘了口气的时候，猛然间十几只水蜜桃从我们的车上"哗"地飞到我们身上脸上，破裂开来，甜蜜的汁液溢向我的眼睛。

几个穿着制服的人扯开嗓子大吼："谁让你们随地摆摊了，罚款罚款！"

我浑身的血都好像凝固了，刹那间感觉浑身冰凉，我"刷"地一下站起来，紧握了双拳。父亲死死地将我拖住，他布满皱纹的脸堆着讨好的、谦卑的笑容："对不起啊，我们只是累了在路边休息一下，我们没有随便卖东西……"

我的大脑顿时一片空白，看着父亲低低地弯腰哀求，我木然地转过身去。

许久之后，那几个人离去了，围观的人却并未散去。我永远记得那是2004年7月6日，我不管多少人在看着我，顾不得惹父亲难过，我趴在三轮车上，趴在已受到损坏的桃子和西瓜上，放声痛哭。

从来在城市里都有着很严格的法规和制度，却鲜有人在执法时和若春风、和颜悦色，不知道父亲这些年来都受过怎样的责难和伤害，不知道天下那些苦苦供养子女的父亲们，忍受了多少委屈和泪水。今天，让儿，一哭为快吧。

父亲现在，每天又精神十足地卖开了水果。他说，蹬着三轮卖水果，想着儿子肯上进，这样的日子，踏实又乐呵。

父亲不太懂我为什么要放弃原来的专业去攻读社会学系的硕士，只有我自己很清楚，他给予我的爱，如大山般沉重。我愿意穷尽一生，为我生活在底层的父辈们，维护应有的尊严和权利。

我盼望有一天父亲蹬着三轮车停错了地方，有人温和地跟他说一声："老伯，您休息会儿，换个地儿吧，这儿不能卖东西啊。"如此，身为人子，夫复何求。

　　每个人的内心深处，都有一根敏感的神经，那是对父母的依恋、关怀与尊重。不管这个人是高大还是矮小，不管他是穷还是富，我们的心总是与他相连。

　　请尊重我的父亲！这是很多孩子内心的呐喊。

　　同时，为了父亲的尊严，我们也需愈加努力。

麦当劳里的鸡骨

　　天气实在太热了。烘热的气流扫到皮肤上，汗毛像6月的麦穗在阳光下倒伏一样，偏到一边，又偏到另一边。马路上油油的沥青蠕动着，在无色的光芒中起起伏伏的，脚粘上去一定会被焊住。

　　一脚迈进冷气充足的麦当劳店，不禁从身体的深处产生了喝第一口冰啤酒的感觉！这里满是懂得享受的人们，姿态闲适优雅地呷着可乐、各种花色冰淇淋。多数是年轻人，相当年轻，是恐怕还没能挣钱，但已学会了消费的一代。

　　我对面的位子来了一位中年妇女带着她的女儿。和满堂时髦现代的装束比起来，女人的衣服简直太旧暗了：松弛的、针织棉线的短裤，平时我们下班回家经过楼道上楼时，从敞开的邻家的门内瞥见手持蒲扇的女人身上常见的那种，黑色的T恤衫她丈夫肯定穿过，褪了色，从她两个肩膀上耷拉下来，头发随便地挽向脑后，把毫无脂粉的脸和好奇地张开的大眼睛摆在众人面前，像庄稼横陈在阳光下那么坦荡。

　　麦当劳里的人们，不间断地用冰饮料消除燥热。

　　她为女儿要了一大杯可乐，一盒"麦辣炸鸡"，女儿就吃起来，母亲在一旁用手帕擦着脖子。女儿吃东西时，侧着身子，几乎是用背部对着母亲，她怎么在十一二岁的年龄就养成了这种习惯？我在"动物世界"里经常看到类似的姿势，它们用身体护住食物。女孩儿的肘挂在小桌上，加上身子软软地弯着，像一个偷吃美味的小猫。

　　她吃东西的表情也挺有意思：有点无聊，还有点无奈，好像在埋怨谁

让她吃鸡，一边大口地吃，一边勉强，这种勉强的表情一直维持到把最后一块炸鸡吃完。吃完了，她张开肉乎乎的小手，随意而又略为厌烦地把装着碎鸡骨的纸盒一推；她母亲，那位一直慈爱地注视女儿的女人，把鸡骨盒拉近来，拿起鸡骨啃起来。

我的心突然咕咚一沉，随即眼里涌上灼热的东西。她的举动在麦当劳店里几乎是独一无二的，她那么自然，旁若无人，对周围环境，对女儿，对残剩的鸡骨，全都满意，嘴里发出一种激动人心的啧啧声。

我曾经那么熟悉这种声音。我母亲就是这样，喜欢啃其骨头，啃儿女们啃过一遍的骨头。嘴里也发出这种仿佛吸入整个宇宙的极享受的声音，表明吸入的深度和诚实。骨头上明显已经光秃无物了，只是在旮旯拐角的隐蔽处，需要费很大力气才能略有收获。或许，这也是一种乐趣——很长时间里，我一直这么想。该死！我怎么能这么想？吃骨头的时候，总是我们先吃，把诱人的、附有坠肉的骨头抓住手里，啃过之后，把乱七八糟的骨头往母亲前面一推，推得天经地义的。我母亲和眼前这位女人更有一点相似，她们这么做的时候，表情坦然快活，和她们为儿女所做的其他事情一样，都是自然的，都是天经地义的。

她的女儿，在母亲于大庭广众下这么做的时候，目光闪烁地扫向四周，有点不好意思，后来起身去了卫生间。

年轻人总是羞愧，在长大成人之前先学会了羞愧。或许这种羞愧正是她成年之后忏悔的源头？

只要有可能，他们总是甩开父母来到这种凉快、现代、简捷的地方——麦当劳、肯德基、万邦，诸如此类，和沉重的日常生活相比，它轻盈而漂浮，游离于生活的实质。在短暂一刻，这里给你一切又遮掩一切。父母不在场，他们像世界主人一样呷着饮料，享受着人造的清凉，表情庄重，目光远大，更重要的是不用羞愧了。这就是为什么这种地方总是年轻人多的一个原因吧。

心灵感悟

儿女对于父母的爱像树叶，风吹一下动一下，父母对子女的爱像泉眼，不间断地用汩汩清泉之水滋润着子女的生命。儿女给父母的食物是一小口，那是他们吃不了的，父母给子女的食物同样要先尝一小口，这

并非为了解馋，只是为了检查食物的冷热程度甚至有毒与否。我们常常忘记感恩，以为父母给我们的一切都是天经地义的。生活中类似的现象随处可见，做儿女的缺乏孝心，虚荣自私，相比之下，那种伟大的、默默的，不显山露水的舐犊之情，这是天下所有母亲的共性。

父亲对不起，我让您受苦了

当我在电话里无意中把正急着为购房四处筹钱的事告诉父亲的时候，父亲很是发窘，顿了半晌才嗫嚅着对我说："孩子，爹实在没钱，这你知道，等有钱的时候我一定给你寄一些去帮帮你……"虽然我们相隔千里之遥，但从电话里、从父亲的口气里，我依然能够清晰地感受到，作为父亲，面对儿子遭遇困难却不能给予帮助的尴尬、内疚和惭愧。刚才还在和我饶有兴趣地交谈的父亲匆匆挂了电话，我猜想，那一晚，对于父亲，将是一个漫长的、不眠的夜。

相当长的一段时间内，我无法原谅我的过错，虽然说出去的话一如覆水难收。我知道，这些年来，老家的生活完全是在靠年过半百的父亲一个人在外打工艰难维持着。乌鸦反哺，羊羔跪乳。而我虽参加工作多年却一分钱也未曾往家寄过，本来，我没有任何颜面再要父母的一分血汗钱。但我却生生地向父亲"发难"了，我敢肯定，我无意中的一句话，已经把父亲推向了无奈和愧疚的边缘。我不孝。

后悔归后悔，时间一长，特别是在我通过借、贷等多种方式把购房款缴付以后，我也就把这件事渐渐淡忘了。一年多以后的一天，我忽然收到父亲从千里之外的老家寄来的5000元钱。我很是惊愕，急忙打电话回家，父亲不在，问及母亲缘何会有这么一笔钱，母亲吞吐再三，才告诉了我事情的原委……父亲自从知道我购房的事情之后，一直为不能及时帮我一把而自责和难以释怀。为了尽快帮我挣钱还债，在知道我购房消息的几天后，倔强的父亲便踏上了为期一年多的漫漫打工路。

父亲先是在一家砖厂打工，时值夏季酷暑，烈日炎炎，为了多挣几块钱，父亲选择了砖厂中最苦最累的活计——砖块拖运，即先往炉窑内运送砖坯，待生坯烧熟后再将其从炉窑里运出并进行有序摆放。父亲在狭窄的

窑洞内一天来往工作八九个小时，窑内气温有时高达40多度，他挥汗如雨，在炽热难耐的炉窑内来回艰辛工作中，承受了常人无法承受的煎熬，这一干就是3个月。3个月后，这家砖厂因经营不善倒闭，一心想在砖厂挣"大钱"的父亲的希望也随之破灭了，而且，干了3个月的活，父亲最终却只拿到了一个月的工资，后虽经多次前往索取，均未果。

之后父亲又找了一份修路的活。修路是一项重体力活，挖土、上沙、硬化、沥青覆盖，一项项都是颇为繁琐和耗力气的活，一般身体单薄的小伙子根本吃不消，非年轻力壮者不能胜任，但父亲却硬是坚持了下来。

他夹杂在一帮青年人中间，以年过半百之躯，大幅地透支着自己的体力。白天吃饭十分简单，饿了便啃两口母亲给准备的煎饼，咽不下去，便打开他那把用了十几年的变了形的军用水壶灌上一口；夜幕降临的时候，劳累了一天的父亲和其他工友们一起，从路边捡拾一些干柴，开始埋锅造饭。都是一帮穷人，饭菜自然简单。菜是从附近菜市场上买的一些白菜萝卜之类，充其量再拎回一斤豆腐。肉是舍不得买，油也不敢多放，虽然那只是廉价的不能再廉价的普通植物油。把白菜萝卜和豆腐之类一起放在锅里炖上半个小时，出锅后一人一碗，便是他们一天中最为丰盛的晚餐。

在另一半待铺的路上，来往车流如织，汽车的灯光象游移的探照灯，一遍遍从父亲他们脸上掠过，映照着一张张皱黑的脸庞和一双双无助的眼睛。

夜半，父亲便和其他人一起横七竖八地睡在路旁搭成的简易的帐篷内，这时一帮N日不知肉味的蚊子也开始围拢过来，密密匝匝地栖在这群沉沉睡去的人们的身上，就这样，一直到天色渐亮。

这份工作父亲又干了3个月，因为包工头工资发的不及时的缘故，最终，父亲和另外10多个工友一起炒了工头的"鱿鱼"。

一个月后，父亲找到了他的第三份工作——跟随一个建筑队为市里一家电信公司盖办公楼。此时父亲干上了他最拿手也最愿干的"瓦匠"活。时至寒冬，为了按期完工，父亲和工友们加班加点、夙兴夜寐地干活。高高的铁架上，父亲一砖一石的仔细垒砌着，寒风掀起了父亲的白发，吹裂了父亲的双手和嘴唇，又很快风干了流出的血渍。父亲浑然不觉，一丝不苟地干着，直到夜幕降临、灯火阑珊。由于工作强度过大，半个月后，父亲右臂出现了抽搐、麻木等症状，最后竟至无法抬起。无奈，父亲只好回家"养伤"。

在母亲的一再催促下，父亲到乡卫生院做了检查。医生说，父亲的右臂并无大碍，只是劳累过度，只要休息一个月后便会没事。在这次检查中，医生还检查出父亲同时患有关节炎、腰椎病等几种疾病，这都是父亲常年在外打工落下的病根。医生建议应尽快治疗，"不治将恐深"。

父亲听了便一个劲地摇头："现在没空，以后再说……"硬是不听从医生和母亲的劝阻回到了家中。父亲和千千万万的民工一样，他们在用自己的劳动扮靓城市的同时，也在默默地承受着城市转嫁给他们的累累伤痛。父亲这次在家仅仅休息了一个星期，当胳膊稍稍能够抬起的时候，他便又偷偷地回到了工地……

在一年多的时间里，同大部分在外谋生的民工一样，挣钱心切的父亲几乎尝试了所有城里人不愿干的重体力、高风险的苦活累活。像一匹负重前行的老马：背上的压力往肉里扣，它横竖不说一句话。父亲省吃俭用，在挣足5000块钱后，便马上给我寄了过来，现在他还在外地打工……听着母亲的诉说，看着手中拿着的父亲寄来的那崭新厚重的一沓血汗钱，我的耳畔忽然异常清晰地响起了一首新歌："我的老父亲，我最疼爱的人，人间的苦涩有三分，你却尝了十分。这辈子做您的儿女我还没有做够，央求您下辈子，还做我的父亲……"

心灵感悟

所有的父亲都是儿女的负债者，这笔债从儿女出生起，一天比一天多，一天比一天重，一直到他们的腰弯了，背驼了，头发白了。这种心债就叫做"父爱"。

可是，又有多少人能读懂这份爱，回报这份爱。我们在习惯中忽视他对我们的爱，顺理成章地接受。

好好地去体会他的心吧，不要等到失去时再后悔。

雪地里的良心

我从她的身边逃走了

办公室里的同事指着报纸说："这世道啥缺德人都有，这老太太都在医院住了一个星期了，亲戚家属集体玩失踪，良心都喂了狗了。"有人说："没

准儿就是个无儿无女的孤老太太呢！不然，那么晚，那么大雪，老太太一个人站在路边干啥？"

我心神不宁，钉书钉钉着了手，突然电话铃惊心动魄地响了起来。我拿话筒的手有些抖，是妻子洪丽打来的，问我回不回家吃饭，我气不打一处来："吃吃吃，就知道吃。"说完，把电话摔在机座上。

办公室的人走光了，我站在窗边，天上又纷纷扬扬飘起了雪。

时光倒流回26年前。雪下得很大，我趴在家里热热的火炕上，看她缝棉衣。我问她："雪有啥用？"她用针划了划头发，说："能蒸馒头啊！"我撇着嘴，说："那咋不用盆接着呢？"她笑着抬头向外张望，去山里拉柴禾的父亲还没回来。

天黑透了，她蒸了3锅馒头，父亲还没回来，她坐不住了，用手划拉划拉身上的面，说："东子，你哄着点儿妹妹，我去村口看看你爸。"

她去了很久，妹妹都睡着了，我害怕，不敢睡。她是被人背回来的，身上沾满了雪。她一把把我搂在怀里，说："东子，以后你就是咱家的顶梁柱了。"我被她身上的凉气激得打了个哆嗦。父亲被一棵树砸在了下面，送到医院时，已经停止了呼吸。那一年，我8岁，妹妹6岁，她不过30岁……

手机铃声像潮水响了又退，退了又响。我索性关了机，使劲儿地呼吸一口冷空气，人顿时清醒了很多。买了一份晚报，晚报的头版登着无名老太受伤住院的消息。报纸上说老太太的医药费高达8万元了，老太太还在昏迷，如果亲人不去唤醒她，也许她再没有醒过来的机会了。

我独自走在初春的街上，整条街流光溢彩。我和这个城市里的许多人一样，西装革履，一身名牌，处处显示着生活的品质。这便是我从小就向往的城市生活吗？高楼大厦里有我一间，银行里也有我的24万元房贷。我是机关里的小主任，却不得不时时刻刻仰人鼻息。家里有漂亮的妻子，她不断地纠正着我作为山里人二十几年养成的习惯。

我快步走向了第一人民医院，那个病房的号码很多天前就牢牢地印在了我的脑海里。医院的走廊里人很少，我终于站在了那间病房的门外，隔着门玻璃，我看到她像一片落叶一样躺在那里，一动不动。昏黄的灯光下，她的手无力地垂在床沿上。我很想进去，把她抱在怀里，告诉她："东子来了，咱们回家去。"

有个护士走过来，问我："同志，你找谁？"我匆忙抹了一把脸，下意识地说："没事，我就是随便看看。"护士很警觉："你是来看8床无名老太

的吧？"我转身，逃一样离开了医院。是的，我又一次从她身边逃掉了，就像小时候，她举着鸡毛掸子打我，我总能飞快地逃掉一样。

她成了最厉害的女人

爷爷奶奶怕她改嫁，扔下我们兄妹，把林场里赔给父亲的钱都收了起来。她去闹了几场，便偃旗息鼓，说："东子，那是你爸用命换来的钱，咱们不指着它过日子。"她像男人一样上山砍柴，下地割豆子。这还不是最难的，寡妇门前是非多。

父亲去世不长时间，关于她的谣言就传开了。学校里那些孩子指着我说："你妈是破鞋。"我冲上去，把那些骂她的孩子一个个摔倒。我的衣服破了，脸上身上也被打得都是伤。我没有上后面的课，一个人游荡在树林间，我想："长大了，我一定让她享福，让她天天在炕上坐着，啥也不用干。"

不知怎么，我就在树林边的草垛上睡着了。远远近近的喊声把我惊醒时，天已经黑了，天上的星星一眨一眨的。我揉揉眼睛，大声哭了起来。她拎过我，上来就是两巴掌。

回到家，她阴着脸给我找衣服，端来水让我洗澡。我脱下衣服，她看到我身上青一块紫一块的，一下子就急了，问我是怎么回事儿，我说是自己玩摔的。她不信，说我不说真话，她就不要我了。无奈，我说了白天学校里发生的事。她没吭声，第二天送我去上学，却在办公室里好顿闹。她说："我这辈子也没啥指望了，谁再敢动我家东子和小西，我就跟他拼了。"

她走了，老师们小声议论："王香平从前挺文静的，现在咋泼辣成这样了呢？"

她变成了村子里最厉害的女人，霸道不讲理，爱占小便宜，她在村子里基本上没什么亲戚朋友。她很孤单，干完活，就一个人坐在院子里发呆。有时一坐就是小半天。我跟妹妹不忙了，她就跟我们说父亲，说他当初怎么追她，说他说要跟她过一辈子的，她说："你爸那个挨千刀的，等我死了，我饶不了他。"妹妹笑："都死了，再饶不了还能咋的。"她便也笑，她说："你俩小兔崽子给我听好了，我的后半辈子全指望你俩了。你们要也像你爸那样没良心，我就活砍了你们。"妹妹说："妈，你都说些啥呀！"她嘿嘿地笑，脸上的皱纹像地里的玉米叶子。

我和妹妹上了高中，她把一分钱掰成两半花。她说："你俩使劲儿考，考上哪儿妈供你们到哪儿，就是砸锅卖铁，我王香平也要供出个大学生来。"

我考上大学那年，她的腿疼得厉害，她说自己可别瘫在这床上，她还等着带孙子去林子里采蘑菇呢！我说我不去上大学了，她回手就给我一巴掌，她说："你个熊玩意儿，还能有点儿出息不？"

我上了大学，妹妹考了两年，便心疼她死活不再考了。为这事，她提起来就骂妹妹没出息。

妈妈，让我带你回家去

我回到家，已是晚上10点多了。洪丽没睡，她把饭菜热了给我端上来，我打开了一瓶酒，咕嘟咕嘟空嘴喝进去半瓶。洪丽说："我知道你心里不好受，可是事情都到现在这个地步了。你想想，你要是去认她，那近10万的医药费不说，单说你被曝光出来，你这个国家干部的工作也不用干了……"

我把手里的酒杯摔到地上，大声吼："是的，钱、工作、面子，哪个都比她重要。她就快死了，是个累赘，就让她自生自灭好了！"

林林听到我们吵，光脚站在卧室门口。我说："你给我滚回去，养儿养女有什么用，良心都他妈的喂狗了。"洪丽说："你疯了，冲孩子喊什么？"

我就是疯了。我连自己的妈都不认，让她一个人孤零零地躺在医院里，我可不就是疯了嘛。

我一夜没睡，面前的烟灰缸里是小山一样的烟头。电话响了，是妹妹。她说："哥，我昨晚眼皮一个劲儿跳，夜里梦见咱妈了，她拉着我的手，一句话不说，就是哭。哥，咱妈不是有啥事吧？"

我干笑了两声，说："咱妈没事"。妹妹说："哥，你还是让妈回来吧。你们城里的床妈睡不惯，她的腿风湿得厉害。你上学那年，割豆子，她都跪在地里爬。这两年，她的记性也差了……"

妹说："哥，有些话，也许我不该说，那天嫂子打电话来数落她的不是。她是不好，但她是咱妈，她为咱俩脸都不要了。你上大学后两年，咱家这儿遭了灾，黄豆绝产，一年到头一分钱不挣不说，还白搭了种地的钱。她急疯了似的，她儿子在读大学，她上场部去闹，哭天抢地，跪在人前，一跪就是一个礼拜，人家说：'闹就给钱，就都闹了。'她说：'先把我儿子的学费给上，钱我还你们。'她打了8000块钱的欠条啊！她回来，大病了一场，却硬是靠吃止痛片挺了过来。"

我的泪顺着面颊流进嘴里，又苦又涩，这些事，她从没对我说过。放下电话，我狠狠地敲自己的脑袋。林向东，你真没人味啊！

我穿大衣时，洪丽问我去哪儿。我说："我去把良心找回来，离婚协议书我放桌上了。"

我结婚8年，她只来过4趟。这次，她来过年，她说："梦里都想着这小兔崽子。"说这话时，她已经是个身体虚弱的老太太，再也没有年轻时的霸气。她说的小兔崽子是林林，林林却连手都不让她拉。她想亲亲林林，洪丽马上大呼小叫的，说："人嘴最脏了，会有传染病的。"她就那样愣在那儿，看看我，又看看林林，然后说："城里的孩子就是金贵，我孙子也成金贵的孩子了，多好！"

洪丽给她专门准备了一个碗，吃饭时，她夹给林林的菜都被洪丽挑着放到了桌子上。她在这个家里有些不知所措，像个做错事的孩子，她的飞扬跋扈变成了小心翼翼。终于她说："东子，给我买张回去的票吧，听不见松涛声，我睡不着觉。"我跟洪丽闹别扭，怎么就不能让她过完年再走呢？

那天，我在外面喝酒回来，洪丽哭着跟我说妈妈给林林倒水，把林林烫着了。我的火上来了，我冲妈妈吼："不是让你啥都别干吗？"妈妈站在门前，个子又瘦又矮。她说："东子，我还是回家吧。"我醒酒时，她已经不在家里了。

电视里播出了一条早新闻：天黑雪大路滑，无名老太被车撞了，肇事司机逃逸，老太被路人送去医院抢救，老太身上没有任何身份证明，甚至连个电话号码都没有。我一眼看到了车祸现场红色的三角兜，那是她来时给我装松子用的。

洪丽说："林向东，你去认她咱俩就离婚。"我很犹豫，司机逃逸意味着高额的医药费要自己拿，房贷已经压得我喘不过气来，林林还在学钢琴……

我以为我可以昧着良心等她死，继续过自己的日子。可是，那样没了良心的日子还会有幸福吗？她养我时，搭上了一辈子的幸福，她比较过这些吗？

我这辈子只有一个妈，和她相比，什么都不重要了。我在众目睽睽之下跪到了她面前，我说："妈，咱回家，咱回林场老家去！"

她的手满是老茧，粗粗拉拉的。她的头发都白了，我把脸贴到她的脸上，多少年了，我没再亲吻过她。我轻轻叫着："妈，儿子带你回家……"她的眼角一点点渗出泪来，她在等我，她在等我找回雪夜丢失的良心……还好，我来了。

青春励志

　　其实，每个孩子都是母亲的心肝宝贝，为了子女，母亲心甘情愿地付出一切。而子女们日日沐浴在浓浓的母爱中，因为习以为常，竟一直忽略了它的存在。"妈妈的衰老"一度被认为"无用"，丢失了感恩之心的子女终于良心发现了。

　　每个妈妈的心底都有这样的信念："为了儿女，我可以献出一切乃至生命。"扪心自问，我们为父母付出过什么？

感恩

——那超越生命的爱

8块5毛钱里的母爱

　　在我生活的这个城市里，发生了这样一桩案子。

　　一天中午，一个捡破烂的妇女，把捡来的破烂物品送到废品收购站卖掉后，骑着三轮车往回走，经过一条无人的小巷时，从小巷的拐角处，猛地窜出一个歹徒来。这歹徒手里拿着一把刀，他用刀抵住妇女的胸部，凶狠的命令妇女将身上的钱全部交出来。妇女吓傻了，站在那儿一动不动。

　　歹徒便开始搜身，他从妇女的衣袋里搜出一个塑料袋，塑料袋里包着一沓钞票。

　　歹徒拿着那沓钞票，转身就走。这时，那位妇女反应过来，立即扑上前去，劈手夺下了塑料袋。歹徒用刀对着妇女，作势要捅她，威胁她放手。妇女却双手紧紧地攥住盛钱的袋子，死活不松手。

　　妇女一面死死地护住袋子，一面拼命呼救，呼救声惊动了小巷子里的居民，人们闻声赶来，合力逮住了歹徒。

　　等众人押着歹徒揽着妇女走进了附近的派出所，一位民警接待了他们。审讯时，歹徒对抢劫一事供认不讳。而那位妇女站在那儿直打哆嗦，脸上冷汗直冒。民警便安慰她："你不必害怕。"妇女回答说："我好疼，我的手指被他掰断了。"说着抬起右手，人们这才发现，她右手的食指软绵绵地耷拉着。

　　宁可手指被掰断也不松手放掉钱袋子，可见那钱袋的数目和分量。民警便打开那包着钞票的塑料袋，顿时，在场的人都惊呆了，那袋子里总共

只有8块5毛钱，全是一毛和两毛的零钞。

为8块5毛钱，一个断了手指，一个沦为罪犯，真是太不值得了。一时，小城一时哗然。

民警迷惘了：是什么力量在支撑着这位妇女，使她能在折断手指的剧痛中仍不放弃这区区的8块5毛钱呢？他决定探个究竟。所以，将妇女送进医院治疗以后，他就尾随在妇女的身后，以期找到问题的答案。

但令人惊讶的是，妇女走出医院大门不久，就在一个水果摊儿上挑起了水果，而且挑得那么认真。她用8块5毛钱买了一个梨子、一个苹果、一个橘子、一个香蕉、一节甘蔗、一枚草莓，凡是水果摊儿上有的水果，她每样都挑一个，直到将8块5毛钱花得一分不剩。

民警吃惊地张大了嘴巴。难道不惜牺牲一根手指才保住的8块5毛钱，竟是为了买一点水果尝尝？

妇女提了一袋子水果，径直出了城，来到郊外的公墓。民警发现，妇女走到一个僻静处，那里有一座新墓。妇女在新墓前伫立良久，脸上似乎有了欣慰的笑意。然后她将袋子倚着墓碑，喃喃自语："儿啊，妈妈对不起你。妈没本事，没办法治好你的病，竟让你刚13岁时就早早地离开了人世。还记得吗？你临去的时候，妈问你最大的心愿是什么，你说：我从来没吃过完好的水果，要是能吃一个好水果该多好呀。妈愧对你呀，竟连你最后的愿望都不能满足，为了给你治病，家里已经连买一个水果的钱都没有了。可是，孩子，到昨天，妈妈终于将为你治病借下的债都还清了。妈今天又挣了8块5毛钱，孩子，妈可以买到水果了。你看，有橘子、有梨、有苹果，还有香蕉……都是好的。都是妈花钱给你买的完好的水果，一点都没烂，妈一个一个仔细挑过的，你吃吧，孩子，你尝尝吧……"

心灵感悟

天下的母亲都是一样的，没有不疼爱自己孩子的，只是她们用各自的方式把自己的爱给了孩子。有首歌唱道："世上只有妈妈好，有妈的孩子像块宝……"人世间因为有了母爱而变得更加丰富多彩。沧海桑田，世事变迁，唯有母爱能赐予我们神奇的力量，而且母爱的光辉将永恒不变。

父爱昼无眠

最近父亲总是萎靡不振，大白天躺在床上鼾声如雷，新买的房子音响一般把他的声音"扩"得气壮山河，很是影响我的睡眠——我是一名昼伏夜"出"的自由撰稿人，并且患有神经衰弱的职业病。

我提出要带父亲去医院看看，他这个年龄嗜睡，没准就是老年痴呆症的前兆。父亲不肯，说他没病。

再三动员失败后，我有点恼火地说，那您能不能不打鼾，我多少天没睡过安生觉了！一言既出，顿觉野蛮和"忤逆"，我怎么能用这种口气跟父亲说话？父亲的脸在那一刻像遭了寒霜的柿子，红得即将崩溃。但也终于什么也没说。

第二天，我睡到下午4点才醒来。难得如此"一气呵成"。突然想起父亲的鼾声，推开他的房门，原来他不在。不定到哪儿玩小麻将去了，我一直鼓励他出去多交朋友。这样很好。如此看来，虽然我的话冲撞了父亲，但他还是理解我的。

父亲在农村穷了一辈子，我把他接到城里来和我一起生活，没让他为柴米油盐操过一点心。为买房子，我欠了一屁股债。这不都得我拼死拼活写文章挣稿费慢慢还吗？我还不到30岁，头发就开始落英缤纷，这都是用脑过度、睡眠不足造成的。我容易吗？作为儿子，我唯一的要求就是让他给我一个安静的白天，养精蓄锐。我觉得这并不过分。

父亲每天按时回来给我做饭，吃完后让我好好睡，就又出去了。有一天，我随口问父亲，最近在干啥呢？父亲一愣，支吾着说，没，没干啥。我突然发现父亲的皮肤比原先白了，人却瘦了许多。我夹些肉放进父亲碗里，让他注意加强营养。父亲说，他是"贴骨膘"，身体棒着呢。

转眼到了年底。我应邀为一个朋友所在的厂子写专访，对方请我吃晚饭。由于该厂离我住处较远，他们用专车来接我。饭毕，他们让我随他们到附近的浴室洗澡。雾气缭绕的浴池边，一个擦背工正在给一具肥硕的躯体上刚柔并济地运作。与雪域高原般的浴客相比，擦背工更像一只瘦弱的虾米。就在他结束了所有程序，转过身来随那名浴客去更衣室领取报酬时，我们的目光相遇了。"爸爸！"我失声叫了出来。

惊得所有浴客把目光投向我们父子，包括我的朋友。父亲的脸被热气蒸得浮肿而失真，他红着脸嗫嚅道，"原想跑远点儿，不会让你碰见丢你的脸，哪料到这么巧……"

朋友惊讶地问，这真是你的父亲吗？

我说是。我回答是那样响亮，因为我没有一刻比现在更理解父亲，感激父亲，敬重父亲并抱愧于父亲。我明白了父亲为何在白天睡觉了，他与我一样昼伏夜出。可我竟未留意父亲的房间没有鼾声！

我随父亲来到更衣室。父亲从那个浴客手里接过3块钱，喜滋滋地告诉我，这里是闹市区，浴室整夜开放，生意很好，他已攒了1000多块了，"我想帮你早点把房债还上"。在一旁递毛巾的老大爷对我说，你就是小尤啊？你爸为让你写好文章睡好觉，白天就在这些客座上躺一躺，唉，都是为儿为女哟……

父亲把眼上瞪："好你个老李头，瞎说个啥？"

我心情沉重地回到浴池。父亲追了进来。父亲问，孩子，想啥呢？

我说，让我为您擦一次背……

"好吧。咱爷俩互相擦擦，你小时候经常帮我擦背呢。"

父亲以享受的表情躺了下来。我的双手朝圣般拂过父亲条条隆起的胸骨，犹如走过一道道爱的山岗。

心灵感悟

　　"都是为儿为女"，对于父亲来说，这是如此朴实的一种愿望。他们对自己的儿女总是那么无私，会想尽办法让孩子过得更好，总让我们在不经意间感动。而我们能回报的却是少之又少，替父亲洗一次脚才能知道他脚上的茧有多厚，才能意识到他这一生的艰辛；替父亲擦一次背才能感觉他微微隆起的背部顶着多大的压力。扪心自问，这些简单的事，你愿意去做吗？

风雪中的母爱

　　参军第三年，我终于有了回家探亲的机会。归途中，望望窗外，北国的原野在大雪的装扮下一片茫茫，就像母亲的白发。离开母亲已经3年了，

想起辛苦了大半辈子的母亲，情感的波涛开始在记忆的河流里翻滚不息，心也早已飞到鲁西南黄河岸边的那个小村。

小时候，父亲在离家几十里外的一所学校教书，一个礼拜才能回来一次，印象中的父亲是生疏而又威严的，因此，记忆中我和姐姐体会的更多的还是母爱。那时候家里唯一的收入就是父亲每月几十元钱的工资，既要为年迈的爷爷和奶奶治病，还要供给三叔上大学，因此，家里的经济条件十分拮据。母亲并没有丝毫的怨言，而且那瘦弱的双肩还承担了所有的家务和大部分的农活。记忆中的母亲总是在农田里忙个不停，每次等到太阳落山后才拖着疲惫的身躯回到家，而母亲刚一回到家，我和姐姐就会迫不及待地提出吃饭的要求。于是，母亲还来不及歇口气就放下手中的农具，忙着劈柴、和面、生火、做饭。我和大我两岁的姐姐只是在一旁尽兴的玩耍，偶尔会看一眼忙碌不停的母亲，却全然不知道为劳累了一天的母亲做点什么。

在母亲的呵护与关爱下，我和姐姐一天天长大了，而生我养我的母亲却在沧桑的岁月中渐渐的衰老了。

回家的路在对母亲的思念中显得那样漫长。窗外，雪越来越大了。

傍晚，列车终于到达家乡的小站。漫天的飞雪在空中洋洋洒洒地飘落，凛冽的寒风不时发出野兽般的怪叫，仿佛在撕扯着什么，而四周的树木在风雪中不停地晃动，拼命地挣扎，不时听到"咔嚓"一声，被刮断的树枝就会迅速地落下来。此时，天色已经暗了下来，家离车站还有3里多路，怎么办呢，我提着两个厚厚的行李包有些犹豫了。

这时，我隐约的看见前面二三十米处的路灯旁站着一位老人。老人的身上全都白了，风雪无情地吹起她满头银发，老人背还有点驼，上身微微的前倾，在雪地里不停的挪动着几乎被冻僵了的双脚，还时而踮起脚尖，用手打着眼罩朝出站口焦急地张望着。

"天这么冷，会是谁呢？"我暗暗地问自己。

老人见我也四下的张望，便慢慢的向我走来，我也犹豫着走向前去。

当我和这位步子有些蹒跚的老人四目相对时，我怎么也不敢相信，在风雪中站立了很久的背有点驼的老人就是我含辛茹苦的母亲。三年不见，母亲又苍老了许多，3年前花白的头发现在几乎已经全白了，饱经风霜的脸上已刻满了深深的皱纹，眼里也布满了血丝。

"小华？"

"娘？"

母亲紧紧地抱住我，并不时用劳作了一生的粗糙的双手抚摸着我的脸颊。仔细的看着我，3年来对儿子牵肠挂肚的盼望都浓缩在那期待的眼神中，那眼神就仿佛担心我很快就会从她身边走开。"孩子，路上冷吗？饿了吧！快回家，娘给你包了你最爱吃的饺子。"

母亲那关爱的话语犹如一股热流驱散了我身上的寒意，也使我真正体会到"儿行千里母担忧"的含义。

望着风雪中苍老的母亲，几许辛酸从我的心底缓缓涌起：我再也找不到记忆中母亲的影子了。

回家的路上，母亲执意要为我提一个厚重的行李包，我当然不肯，可年迈的母亲为了证明自己有力气能提动行李包，竟故意走在我的前面。望着风雪中母亲那弯曲而蹒跚前行的背影，我转过身去，热泪不由自主地在风雪中落下……

从前的日子已渐渐远去，我也已为人父了。母亲也越来越老了。只是，风雪中母亲的身影却时常在我脑海中清晰地闪现，忘不了母亲那风雪中被吹起的满头白发，忘不了母亲那弯曲而蹒跚前行的背影……

祝福我的母亲，也祝福天下所有的母亲。

心灵感悟

母爱，一个多么温馨的词语，就是它给了多少人温暖。妈妈，一个多么慈祥的面孔，人的一生，也就由这里开始。母爱是伟大的，它像一盏灯，可以照亮茫茫黑夜，给儿女们指引一条回家的路。因为有了母爱，我们的人生变得充实变得绚丽。无论我什么时候回家，母亲那片灯火都永远为我们而亮……

请不要忘记，回报母爱。

亲爱的娘

整座医院都被4月之夜的清冷和宁静所覆盖。

真该感谢那位水炉工，他没有给水炉房上锁。我得以在此享受水炉的

温热。我干巴巴地坐在水炉旁的地板上，有一搭没一搭地打瞌睡。大约12点了，我伸了个懒腰，去病房里看母亲。我该问她需不需要上厕所了。

当我懵懵懂懂地来到母亲的病房——10号房。正要叫母亲，一看床上没有人。我有点怀疑自己走错了病房，回身又看了门上的号码，是10号，确切的。同时看了邻床上的几位病号，还是那几位，也是确切的。我想母亲大概去上厕所去了吧，心里就深深地自责起来：母亲的双眼患了白内障，一只眼睛已经做了手术，用纱布护着；另一只也看不见。

我急急地去厕所。在女厕所门外，我轻轻地叫了声"妈——"但是没人应。我又放大音量叫了一声"妈——"仍然没人应。怎么了？我没有多想就一头进了女厕所。但是里面没有人。

我的心突然揪紧了。真是怪了，母亲不见了。

我再次回到病房，床上仍然空空无人。其他的病人都沉沉地睡着，我没有理由叫醒他们。

她一定是下楼去找我了。她肯定是要我睡觉的。她盲着双眼下楼去，真让人不堪设想——都快70岁的人了！

我噔噔噔地下楼，脚步声在走廊里回响。我一口气跑下4层楼。但是没有见到母亲的身影。真是急死我了！

下面的门关着，可以打开的。按理母亲是不会找到出口。但我还是拉开了门，到外面去寻找。

"妈——"我轻轻地叫了一声，没人回应。

"妈——"我加大音量叫了一声，仍然没有人回应。

我急出了一身冷汗。借着路灯，我查看了花圃和园林。都没有人。

母亲不见了！

我返回楼房，噔噔噔地往上爬，腿有些发软了。再次来到病房时，我希望能看到母亲。但是床上只有洁白的被褥，和我们的几件衣服。

我重新到厕所里，男厕所女厕所都看了一遍，也看了水炉房，甚至上了五楼六楼。都没人！

我打算找值班医生，请他打电话报警。可是这怎么好开口！总不至于有人盗走我的母亲吧！

我在走廊里徘徊着。从病房走到值班室，又从值班室回到病房……有几次，我的手已经举起来要敲值班室的门了，但又无力放下去了。

有一扇门开了。一个少妇去上厕所。她回来时和我打了招呼。我们认

识的。她也是来照料她的母亲的。

我对她说："我的母亲不见了！"

她先是一愣。后来突然想起了什么似的，匆匆地回到她们的病房。她朝里看了看，然后向我招了招手，"在那儿呢！"

我完全不相信。但我还是去了她们的病房。她指着墙角的一张床给我看，"就在那张床上。"

我悄悄地走过去。所有的人都熟睡着。在墙角的病床上，我一眼就看见了我的母亲——那是再熟悉不过的人了。母亲安静地卧在靠墙的那边，枕头边还有一瓣红桔。而这张床的病人——一位60岁左右的老妇人，却侧向床外，她只占据了床位的1/3。

我心里顿时一颤！

这老妇人日里串过我们的病房，和我的母亲聊过的。她看了看我，说："床这样窄，儿子和妈怎么睡哟！"

我多么想把她老人家的身子摆平，但我又怕惊吓了她。

我怔怔地站在床边，看着这一幅圣洁的睡眠图。

那个少妇小声对我说："回去休息吧！"

我向她点了点头，回到10号房。

大约是深夜两点了。我疲惫不堪地躺下去，身子散了架似的舒爽。

"亲爱的床啊！"

我心里默默地说。这是我的一种习惯。每当我劳累过度，躺下休息时，我就感叹地说这句话。

不过，今天说过这句话之后，我又紧接着如咏诗一般地补充了一句："亲爱的娘啊！"

心灵感悟

在母亲心里，子女永远比自己更重要，即使自己在病榻之上，也会将心系在孩子身上。世间最伟大、最无私的爱是母爱。奉献和牺牲是母爱这两个字眼丰富内涵中最动情和闪光的部分。正是这种博大深厚的爱的力量，繁衍传承了生生不息的人类社会和万物生灵，谱写出永恒不朽、传诵不衰的爱的诗篇和情的乐章。

母亲曾是我的一块心病

一个青年，疯狂地爱上了一个女人，但他却不知道这女人是魔鬼所变，为讨女人欢心，青年倾其所有，尽其所能。一天，魔鬼要青年去挖他母亲的心给她吃，青年毫不犹豫地答应了。黑夜里，他捧着母亲的心，匆匆赶回魔鬼身边。经过一棵树木时，不小心跌了一跤，心被扔出去很远。青年费力地从地上爬起时，听见那颗心在问："摔疼了吗？我的儿。"

我第一次听到这个故事时，天正下着大雪。听完后，一种巨大的愧疚感压得我几乎喘不过气来，我呆呆地伫立在雪中很久很久，记忆像漫天飞舞的雪花一片片地飞过来，重重地击打在我的心头。

一

小时候，母亲是我的一块心病，从我出生那天起，我就从未享受过一天的母爱。我的母亲从小就因患大脑炎而傻了20多年。她连生活都无法自理，自然不会照顾我。我和她没有言语交流，没有身体接触，虽然同处一室同吃一锅饭，但是却像过路的陌生人一样。说实话，只要与妈妈在一起，我的心里就特别烦。三十几岁的人还像个孩子似的，不是傻呆呆地晒太阳就是疯疯癫癫地四处游走，连句完整的话也说不清楚，但嘴里却总是嘟嘟囔囔的，骂人却很来劲。只要我们在一起，她就粘着我，我干什么她就要干什么。在我学习的时候她也不闲着，一会儿抢走了我的笔，一会儿过来拉拉扯扯的，不得消停。我生气地推她时，她却更来劲了，最后的结果是我们扭打在一起。妈妈出手轻重不分，我的身上经常青一块紫一块的，气急之下我也会狠狠地打她。

8岁那年，家里发生了变故。几经周折，我们孤儿寡母双双被大华山镇敬老院收留，住在敬老院为我们提供的一间13平米的小屋里。

有一天课间休息时，班里的一个男生欺负我，我和他吵了几句，不料，他一下子跳上讲台，大声说道："大家注意了，我向大家发布一个最新消息：我们班有个小老太，岁数不到10岁却进了敬老院，白吃国家的饭，白穿国家的衣，她还有个疯妈妈，你瞧这个人的脸皮有多厚呀，她就是——张海平！"同学们哄堂大笑，我又气又急，眼泪簌簌地往下掉。那一刻，我

真为有这样一个母亲而感到自卑和伤心——没有给我一天的温暖却给我带来无尽的烦恼。

二

1994年，我上中学了，以我的成绩选择一个好点的、离家近点的中学是没问题的，但是我偏偏选择了一所离敬老院最远的峪口中学。为的是让别人越少知道我的底细越好，我真的不想在新的环境里让同学们看不起。

每天我都很早起床，带着午餐，步行40多分钟的路程才能赶到学校，放学后我还要在学校里做完家庭作业后才回家。由于我学习成绩好，人又勤快，乐于助人，无论老师还是同学都很喜欢我，我终于露出了久违的笑容。然而院里的服务员和老人们却总是用略含责备的目光看着我，我知道他们对我与母亲的疏远有意见。

我是高兴了，可妈妈却显得越来越烦躁不安，脾气变得很坏。和上小学时相比，我俩相处的时间实在是太少了。每天晚上当她见到我时，总是很高兴的样子，像孩子一样蹦蹦跳跳地迎上来，又想和我粘在一起。虽然我总是默默地推开她，但是心里也有些微妙的变化，噢，原来她也知道我回来了。

1994年的冬天格外寒冷，雪一场接着一场地下。临到快放寒假的一天傍晚，在放学回家的路上我不小心滑了一跤，当我爬起来时发现盛午饭的饭盒找不到了，费了好半天的工夫才找到。当我一步一滑回到敬老院时，还没进大门，就看到了妈妈在院里的雪地上踱来踱去的身影。为我开门的值班大爷上来对我说，你没事吧？你看把你妈急的，在雪地里足足呆了两个半小时。我不由得一怔，呆呆地站在那里。妈妈看到我后，像往常那样兴奋地向我走来，又和我粘在了一起，这一次我没有躲避，而是轻轻地搂住了她。

后来在学校组织的一次作文大赛中，我以《母亲的守望》为题把那一晚我和妈妈的故事写了下来，除了隐瞒妈妈的病情和一些细节外，其余全是我的真实感受。结果居然获得了一等奖，语文老师在颁奖会上把我的作文声情并茂地读了一遍，他激动不已地说："这篇文章最大的优点就是情真意切，没有丝毫矫揉造作。我们相信张海平在平时也一定是个听话孝顺的好孩子。"掌声响起的时候，我羞愧极了，恨不得找个地缝钻进去……

也话是因为岁月的磨砺，使渐渐长大成熟的我开始体会"亲情"这两

1995年初春，新学期刚刚开始不久的一天，我在学校突发急性阑尾炎被同学送进了医院，连手术带住院治疗共花了8天时间。长这么大以来，我还是第一次离开妈妈这么久，稍一好转，我急切地向敬老院里的工作人员打听妈妈的情况，他们安慰我道："你妈挺好的，你安心养病吧。"

3月11日我出院了。回到敬老院里的第一件事就是四处找妈妈，妈妈没找到，我却发现敬老院里几乎所有宿舍的窗户玻璃都坏了一块，我家窗户的玻璃渣上甚至还有凝固的血迹。我的心一惊，一种不祥的预感涌上心头，我跑到医务室，看到妈妈两手缠着厚厚的纱布，正直挺挺地躺在病床上输液。看到我进来，敬老院的医务人员说，我妈妈几天找不到我，急得团团转，接连好几个晚上都没睡觉，所有的房间她都找遍了。失望之余连哭带闹地用拳头砸碎了敬老院的玻璃。那一刻，我再也控制不住自己的感情叫了一声"妈"，便伏在她的床上泣不成声。

三

妈妈是无辜的，也是可怜的，她被剥夺了作为一个正常人的生存权利，却无法取消做母亲的资格，也永远不能断绝我们的母女亲情。

为了弥补心中的愧疚，我从一点一滴的小事做起，关心呵护着妈妈。每天早晨妈妈很早就起床了，不过只有六七岁小孩那么高智商的她没有养成按时洗漱的习惯，要在敬老院服务员的再三催促下她才能勉强完成，而且她根本不会正确使用洗漱用品，所以脸看上永远都是脏乎乎的，牙也是黄黄的。帮她洗漱要耗费我20分钟的时间，所以我不得不早起半个小时。

妈妈还有个怪毛病，吃饭的时候只有别把饭菜摆在她面前，她才会动筷子，否则就会一动不动地盯着饭菜而不主动吃。以前在食堂吃饭时我总是离她远远的，但现在我就坐在她的旁边。

饭桌上我不得不一次次地用手绢为妈妈擦嘴，甚至还要喂她吃些她难以分解的鱼或肉之类的东西。

晚上睡觉以前我还得为妈妈洗脚，妈妈非常不愿意脱鞋，我只好把她按在床上强行为她脱下鞋子，但是当妈妈把脚伸到盆里时却变得像孩子一样顽皮，两脚不停地打水，溅了我一身。我要学习，妈妈想和我粘在一起，我也有耐心来对待她了。我发现如果我温柔地而不是粗鲁地对待她时，一向比较难缠的母亲也会温柔许多，有时甚至还会轻轻地抚摸一下我的头，

那一刻我真觉得有股暖流涌遍全身。

为了能有更多的时间来照顾母亲，初二后半学期，我转学到离敬老院最近的大华山中学。时间宽裕了，我也有更多的空闲来照顾妈妈。从小到大我还没和妈妈一起单独外出过，还真想和她上街逛一逛，但是又实在抹不开面子，无论走到哪里，妈妈绝对是众人所关注的焦点人物，我受不了围观者那扎眼的目光。

然而，最终还是亲情战胜了虚荣心，在一个周末的下午我带着妈妈走出了敬老院，来到大街上，在敬老院里憋了很久的妈妈兴奋得像个小孩似的，瞅瞅这，摸摸那，嘴里还不时地发出咿咿呀呀的声音。当我拉着妈妈的手走在川流不息的人群中时，我也特别紧张，眼睛在注视着别人的脸色，耳朵也在不停地搜索着别人的议论声。让我觉得意外的是除了吸引了不少目光外，并未听到我想象中的难听的话语，甚至还听到有人在说："这孩子真懂事，一点也不嫌弃她妈。"

但并不是所有的人都这样对我们，每两周我和妈妈回一次姥姥家，在公共汽车上，所有的人都不愿意和妈妈挨在一起，原本拥挤的汽车上我们周围却总是空空的，这时我总会紧紧地拥着比我胖得多的妈妈，生怕她站不稳摔倒。我们四目相对，我发现妈妈那双无神的眼里竟然饱含深情，幸福眷恋之情写满脸上。

后来我和妈妈外出的机会就越来越多了，我的心态也平和了许多，神情也越来越自然了。每个月的5号是个幸福的日子，敬老院在这天会给每一个人发20元的零花钱。领到40元后我和妈妈的第一件事是上街购物，妈妈几乎没有特别喜欢的东西，对她来说外面的热闹就已经足够了。各式各样的小食品和水果我都买一点，回去后每样都要让妈妈尝尝。以前我和妈妈的40元是我一个人花，现在是我和妈妈共同花，钱花得少了，但是我却感到很高兴。

四

1997年，我初中毕业，由于我学习好，同学和老师都劝我上重点高中，那里的教学条件好，师资力量强，以后考大学容易。但是我一意孤行地选择了大华山中学的职业高中，成为一名被人们称为"一出校门，就入服务行业"的预备工人。

他们都不理解，但是我有我自己的考虑：上大学那高额的学费我一定

负担不了，敬老院供养了我这么多年，再让他们供我上大学，实在有点说不过去，更重要的是上大学就意味着我要离开妈妈，我真舍不得。

眨眼高中3年过去了，高考前的几次模拟考试的成绩显示出大学的校门对我是绝对敞开着的，但是我的初衷未改。我把我的想法向敬老院的院长和长辈们说了出来，他们在惊讶的同时，也深深地感动着。几乎看着我长大的王院长说："海平，我们知道你是一个好孩子，我们也尊重你的选择，继续上学我们鼎力支持，回敬老院我们也欢迎。我坚信孝义走天下，到哪儿你都赖不了！"谈话结束后，我拉着妈妈的双手，兴奋地转了一个圈。夜已深，窗外万家灯火。当别的同学还在灯下埋头苦读备战高考的时候，我却有种从未有过的轻松……

然而，我的班主任邓老师死活不答应，50多岁德高望重的老师一次次劝说着我，希望我以前途为重。我不置可否但依然我行我素，最后她说："我看你并不是真心爱你的妈妈！"自从我改变了对妈妈的态度后，我还是第一次听到有人这么说我，我有些不高兴地反问："为什么？""如果你真心爱你的妈妈，你应该让她走出敬老院过普通人的正常生活，外面的世界大着呢。不上大学，就意味着你今生也许很难有机会为妈妈改善环境！"这句话深深地触动了我，我陷入了沉思中……

2000年7月7日，我参加了高考，在北京考试的3天中，每晚我都和妈妈通电话，只有在听到她的声音后我才能平静地入睡。在等待发榜的日子里，我更是忧喜参半，忧的是考上大学意味着我要离开妈妈生活，喜的是只有考上大学，走出敬老院，我那一辈子苦命的妈妈才会享受幸福的生活。

当我以494分的成绩被北京联合大学化工学院录取时，整个敬老院都欢腾了，我也流下了泪水，为自己也为妈妈更为关心爱护我的人们。

而今，我顺利地进入了大学，我想妈妈，但是我想得更多的是责任，以及，怎样用我的行动来回报那沉甸甸的母爱和更加深沉的社会的爱。

心灵感悟

上天能剥夺她作为一个正常人的权利，却不可能取消她成为母亲的资格。爱儿女是每一个母亲与生俱来的能力，不管身处何种环境，这种爱都是不会消失，因为它是来内心的呼唤。

为母亲撑起一片天空，永远不要嫌弃她，就像她从来不会嫌弃我们一样。

第五篇

父母是我们的第一任老师

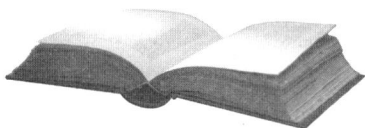

　　父母是我们的第一任老师，父母的一言一行都在潜移默化地影响着我们，是我们最亲切的榜样和切近的典范。母亲教会我们宽容、乐观；父亲教会我们坚强、果断。在我们的一生中，这两位老师不计报酬地想把一切道理都讲给我们听，希望我们少走弯路，希望我们健康成长。可怜天下父母心啊！珍惜这种幸福吧！让爱的心，不要空白。

一个父亲的箴言

昨天，你回来哭哭啼啼地告诉我，说一个同学又和你闹别扭了，你说事情本来不怨你的，是同学做得太过分。

爸爸笑了。

依爸爸的经验，一个人要赢得另一个人很容易，那就是要学着吃亏。孩子，这个世界上没有人喜欢爱占便宜的人，但所有人都喜欢爱吃亏的人。你想着吃亏的时候，就会赢得别人；那个懂得以更大的吃亏方式来回报你的人，是你赢得的朋友。

孩子，人生的每一次付出，就像在空谷当中的喊话。你没有必要期望要谁听到，但那绵长悠远的回音，就是生活对你的最好回报。

你拿着一个高脚玻璃杯，跳上跳下，一个杯子碎了以后，就永远也不能再复原了。更重要的是，如果你把握不好，它还会划破你的手指，让一些伤痛永远留在心里。

孩子，婚姻就像是这样一个精美的杯子。开始的时候，你不要被它外在的光怪陆离所迷惑，你要审慎地去遴选和把握。再后来，你对待它的态度就非常重要了，一个结实的杯子，是呵护出来的，你用爱去细细擦拭，它就会释放出永久的光泽。

有一次，让你出去买醋，本来给你一个硬币就够了，爸爸多给了你几个。爸爸发现，你在出门的时候，把多余的硬币悄悄地放在写字台的角上。那一刻，爸爸装作没看见，但你不知道，爸爸的内心是多么高兴。孩子，人生的许多东西是多余的，比如钱，比如欲望，比如名声。更多的时候，得到你该要的该有的就够了。就像现在，拿走一个硬币，剩下的，在你心里淡淡地扔掉。爸爸想说的是，因为你的舍弃，你豁然开阔的眼界里，将会发现人生中更多更美的风景。

爸爸在乡下教书的那一年，咱们家的日子过得十分窘迫。爸爸没有钱给你买玩具，你找来许多塑料袋，在一个塑料袋里盛满水，用针扎破了，然后，再换另一个袋子，你玩得很快乐。

或许，很小的时候，你就学会了在简单的生活中寻找快乐。不错的，孩

子，生活中有些东西并不容易改变，但容易改变的，是人的心情。孩子，即便你一生中什么也没有抓住，但抓住了快乐，你依旧是天底下最富有的人。

爸爸给你讲一个故事。

你爷爷有一个朋友是做大买卖的人，有一年他把二十几个村庄的账收起来，用纸包好了放在咱家里，他说他要到别的村子里去，就一拍屁股走了。结果，一连多少年，再没有了他的消息。爸爸上学的时候，你爷爷的肺病已经很厉害了，家里一贫如洗。

有好几次，你奶奶提到那个账包的事情，你奶奶的意思是挪用一下，缓一缓家里的紧张情况。你爷爷一瞪眼，说："人家凭什么敢把这么多的钱放在咱这里？说明咱的人比他的钱值钱！"

孩子，你爷爷临死的时候，还是一个穷人。但他是一个响当当的穷人。爸爸把这个故事讲给你听，是希望你能明白，一个穷人应该以怎样的风骨，在这个世界上站立。

心灵感悟

本文字里行间透出的深深爱子之情，一颗跳动的爱子之心，仿佛溢满了我们的胸膛，寥寥文字实在无法表达其震撼之情。

父亲是每个孩子的第一位人生导师，他的爱不像母亲的那样博大，他是严肃的，他给你的处处是警言，时时是妙趣人生。所有做人的道理都讲给你听，所有的弯路都希望你能避免。细心去感受这种爱吧，你将受益无穷。

午夜电话

爸爸，我是玲子。

我的孩子，你在哪儿？

别问了爸爸，原谅我吧！

玲子，回家吧，好吗？

不，爸爸，我已经决定了。

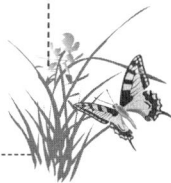

玲子，听爸爸一句话——回来吧！

不，爸爸，原谅女儿……

别哭别哭……说话呀……玲子你在听吗？

嗯。

你在哪儿？我怎么听见大海的声音？

爸爸，我早就想好了，只有大海能接纳我！

玲子，爸爸一直在等你呀！

爸爸，我什么都没有了。

有的呀孩子，你还年轻啊！

别说了爸爸，我真没用，考3年都没考上。

不考了不考了咱不考了，爸爸再也不让你重读了行吗？

晚了，一切都晚了。

孩子，不上学你还可以做别的事呀，你聪明……

我什么都做不了。

你行的，爸爸相信你。

爸爸，你不让我处男朋友，可是我没听你的话。

爸爸知道，爸爸支持你。

不是的爸爸，他，他不要我啦！

那有什么呀？你才22岁，会有男孩子喜欢你的。

可是，我和他，他和我，我已经……

傻孩子，路走错了可以回来的。

回不来了啊爸爸，我把一切都给了他，可是他……他考得好，他瞧不起我，他说和我分手啦！

孩子，爸爸当初不让你处男朋友就是怕你走到这一步——既然走错了，就再回来，你知道错了，说明你成熟了呀。

爸爸，你咋又咳嗽啦？

没事儿，你离开家这些天，我就黑夜白天等你电话——你让爸爸上哪找你去呀？

别找了爸爸，我已经决定了。

决定是可以改变的呀，孩子。

不，我已经想好了——别再找我了，我不留遗书，临走前，我把日记

都烧了。你就当没生养我这个女儿吧！

傻孩子，爸爸就你这么一个孩子呀！现在好一点了吧？再过一会儿天就亮了。天亮了一切就都过去了，爸爸相信我的女儿是个坚强的孩子！

爸爸不要劝我，没用的啊。

那你得告诉爸爸，你打算什么时候走啊？也好让我给你妈妈上坟时告诉她一声啊！爸爸得知道我的玲子是什么时候去的啊！

爸爸，原谅我……

孩子，你听着——你妈临死时说过：让我一定要把你拉扯大，要让你有出息，所以爸爸一直没……爸爸怕你受委屈呀！

嗯，我知道。

爸爸逼你考大学，还不是想让你将来好吗？你这一走，你让爸爸……

爸爸，别再抽烟啦！看你咳嗽的，按时吃药啊爸爸。

玲子……

爸爸，都是女儿不好——让你伤心了，你要保重啊爸爸。

我会的——告诉爸爸你在哪好吗？爸爸去看你！

来不及了爸爸，我马上就走了。

孩子，你在电视上见过海难时死的人吗？

电视？我3年多没看过电视了呀！

那爸爸告诉你吧，掉进大海后，衣服都被冲走了，全身泡得像河马似的，眼睛会被鱼吃了……

别说了爸爸，我不怕。

孩子，你连死都不怕，还有什么可怕的呀？听爸爸一句话：回来，好吗？

爸爸别劝我，只要你能保重，我就没有牵挂了！

放心吧孩子，我要是像你现在这样，早就死上100回了，还能有你？你妈死后，我既当爹，又当妈，把你一点点拉扯大，多少难关我都能闯过来了——因为我知道：生命能给你想要的一切，只要你拥有生命！

爸爸……

孩子，你一定听说过"榜上无名脚下有路"这句话吧？你有健康的身体，还有聪明的头脑，做什么不行啊？那些下岗的女工，有的没有文化，年龄又大，但是，人家不都活得好好的吗？生命只有一次呀孩子，人死了

就不能复生了呀！

爸爸……

你妈病重时，咬牙挺着。她对我说，我不能死啊，我死了咱们的玲子咋办呀？谁来管她呀？每次见我把你抱到病床上，她的脸上就有了笑容。她嘱咐我说："只要你能把玲子养大成人……"

爸爸……

孩子，有些话爸爸不说你知道，你在作文里不是写过吗？有了挫折和创伤生命才更有意义呀！

爸爸！我的手机没电了，你等着，我再找个电话，等着我……

孩子，请系好鞋带

那时，我还在读初一。学校每到年底都会组织游园活动庆祝新年的到来。记得那年的游园活动特别热闹，游戏很简单，似乎所有的人都能中奖，所以奖品很快就剩得不多了。

我终于也挣得了一张票，便兴冲冲地去领奖，领奖处挤满了人，每个人都希望得到最后几份奖品，我也不甘示弱地使劲往前挤。高高的窗台，狭小的窗口，发奖的人根本看不见领奖人的脸，只能随意地从那些伸进窗口的挥舞着的手中接过奖票，再递给奖品。突然间，我感觉手心沉甸甸的，是一份奖品！还来不及高兴，旋即又感到手里轻飘飘的了——奖品被别人抢了！我忙抬起头四下搜寻，只见身旁一个大男孩正在冲我得意地笑。

我冲他喊道："把奖品还给我！"

他边走边嚷："每个人都有奖票，谁能抢到就是谁的，凭什么还给你！"

我拽住他的衣角，近乎哀求："我先拿到的，给我吧。"

他猛地推开我，没想到竟把我推倒在地，他一溜烟跑掉了。

从地上爬起来，我再也忍不住委屈大哭起来。我边哭边走向办公区，这时我本能地想到了母亲，她是这所学校极有权威的老师，她一定能帮我！

母亲听我哭哭啼啼叙述完一切，沉默了半晌才说："孩子，先系好你的鞋带吧。"我低头一看，真的，鞋带不知在什么时候已松开了。我迅速系好鞋带，然后期待母亲帮我要回奖品，没想她却平静地说："走吧，我们回家……"

这件事早已过去，我始终没能要回那份本该属于我的奖品，为此，心里不止一次埋怨过母亲。然而，随着渐渐长大，10多年来也曾经受了许多成败与得失，现在我才恍然明白，母亲当年的用心良苦！

她让我系好鞋带，她在我因得不到奖品而懊恼的时候，让我系好鞋带，因为，我确实应该这样做。如果我任由自己哭闹，我可能会一辈子对此事耿耿于怀，无法释然。生活中本来就有好多我们想要的东西却无法得到，我们又怎么可以苛求，自己每次都能被满足呢？母亲这样做其实是想让我学会坚强——当生活不能如愿以偿或者不尽如人意时，不是一味地计较和埋怨，而是一如既往地做自己应该做的事，保持一份恬淡心情对待生活。

我知道，命运给予我们的磨难将远不止是失去一份奖品；我同样知道，对待磨难也并非系好鞋带就能解决这么简单，但我明白生活的真谛就在于此——无论发生了什么事，不气馁，不自怨自艾，永远做自己应该做的事，永远向前看，终有一天，我就能用生命的带子系住幸福。

心灵感悟

在这样一个社会里，每个人都拼命去争取，希望得到更多。而很少有人思索，我是否真的应该得到这些。有很多东西，我们没有得到，就深以为憾，认为自己失去了。其实，仔细想想，有些东西并不是应该属于我们的，那些我们想要的东西，也并不都是我们真正需要的，只是，我们习惯了去争取。放下得失之心，我们会发现，其实我们需要的并不是那么多。

青春励志

感恩
——那超越生命的爱

给一个未出生孩子的信

那天晚上,我才知道你已存在:为了战胜虚无,一个生命降临到世界。当时,我睁开双眼躺在黑暗中,我蓦然确信你就在那里。你存在。仿佛一颗子弹射中了我,我的心停止了跳动。当你再一次撞击我时,无限的惊奇便在我心中涌起,我感到自己掉进了一口深井,以至一切对我来说都显得那么恐惧,那么陌生。此刻,我幽闭在恐惧里。这恐惧渗透了我的脸颊、头发和思想。我迷失在这恐惧中。

我知道这不是对其他事物的恐惧,因为我不在乎其他事物;这不是对上帝的恐惧,因为我不相信上帝;这也不是对痛苦的恐惧,因为我不畏惧痛苦。这是对你的恐惧,对突然把你从虚无中抛出,让你附着在我身上的这样一件事情的恐惧。

我从不曾急切地期望你的来临,尽管我知道你有一天终会存在在某一时刻。我在这种意识中,一直在久久地等待着你。但我仍向自己提出了这样可怕的问题:你是否愿意来到这个世界上?是不是有一天你会带着责备的心情冲着我大声哭喊:"是谁赋予你权利,让你把我降临在这个世界?你为什么要把我带到这个世界上来?为什么?"孩子,生活就是这样一种艰难的尝试。它是一场日益更新的战争。它所有欢乐的时刻全都是些微不足道的插曲,并且你将为它付出太高的代价。我怎能知道把你遗弃将会更好?怎能认为你的确不愿意返回沉默?你不能对我说这些;因为你生命的诞生仅仅是一团勉强形成的细胞。也许,它不是生命,而仅仅是一种生命的可能。我希望你能帮助我,哪怕是点一次头,使用一种暗示。我的母亲就曾要求我给她这样的暗示,这也就是她把我带到这个世界上来的理由。

你看得出,我母亲并不希望我来到这个世界。我的生命实际上起始于他人粗心的某一瞬间。为了不让我诞生,她每晚把药丸融在盛水的杯中,然后流着眼泪吞下它。她坚持喝着那种药水,直到那天晚上,我在她身体里蠕动,给了她重重的一蹬,要她不要抛弃我。当我给她这种暗示时,她正好把那杯子举到嘴边。

她立刻翻过杯子,倒掉了杯中的水。几个月后,我便有幸地来到了这

个世界。但我不知道这究竟是祸，还是福？在我幸福时，我认为这不错；当我不幸时，我感觉这很糟。但有一点我敢肯定，即使在我感到悲哀的时候，我也不曾为我生命的诞生而痛感惋惜，因为我认为世界上再也没有比虚无本身更糟的事情了。让我再说一遍：我不害怕痛苦。因为我们是伴着痛苦而降生，随着痛苦而成长的，我们已经习惯了痛苦，就像我们已经习惯了我们的手臂和双腿一样。事实上，我甚至不害怕死亡，死亡至少意味着你诞生过一次，至少意味着你战胜过虚无一次。我真正恐惧的是虚无，是不存在，恐惧那种由于偶然、过失和他人的粗心而造成的我生命的不存在。许多女人都会这样问她们自己，为什么她们要把一个孩子降生到这个世界上？由此会导致饥饿、寒冷、毁灭和耻辱吗？它会被战争和疾病所杀戮吗？她们放弃了那种饥饿将会满足，寒冷将被温暖的希望；否定了人的一生将有忠诚和尊敬相随的期许；抛弃了人会把生命奉献给消除战争与疾病的任何努力。

也许，她们是对的。但难道虚无会比痛苦更可取吗？即使我在为我的失败、幻灭和挫折哭泣之时，我也坚信痛苦远远胜过虚无。如果我把这点推及到生命，推及到让生命诞生还是不让它诞生的两难处境，我相信我周身的每一根神经都会发出这样的呐喊：生命的诞生比生命的遗弃更为美好。然而，我能把这一推论强加于你吗？难道这丝毫不意味着我仅仅是为了我自己，而不是为了别的什么原因才把你带到这个世界上来？如果仅仅是为了我自己和别的什么，我没有兴趣让你降生到这个世界上，因为我完全不需要你。

……

我为你写好了3个童话故事。但实际上我并没有真正写下它们，因为我正躺在床上，我的手无法握紧我手中的笔。所以，我打算干脆把它们讲给你听。现在就让我向你讲述这些故事吧。从前，有一个小姑娘，她爱着一棵木兰树，木兰树伫立在园子的中央。小姑娘经常倚在一扇面对花园的屋子的窗前，一整天一整天地看着这棵树。小姑娘个子矮小，为了看到这棵树，她不得不爬上一张椅子。一旦她不在，她母亲就常常可以在那儿找到她，并且会高声呼喊："啊，我的上帝，你会摔倒，会掉到窗子外面去呀！"木兰树长得很高，它巨大的枝桠、叶片和大朵大朵的花恰似洁白的手帕伸展在天空，因为花朵开得很高，所以无人能够随意摘取它们。小姑娘一天天亲眼看着那些花绽开、转黄、凋谢，伴着响声落在地上。每一天，小姑娘都梦想着有人会出现，摘下一朵依旧是洁白的花。她总是怀揣着这

种幻想，迷恋在窗前，她的手臂靠在窗台上，下巴搁在手臂里。她的四周没有其他房子，只有一道笔直的墙陡然地耸立在花园的边缘，消失在阳台处，阳台上挂满了晾晒的衣服。你知道当衣服被风吹干时，到时候就会有一个女人来把所有的衣服收进篮子里带走。有一天，那个女人真的来了，但她并没有收衣服，而是注视着那棵木兰树：仿佛她在思量着是否能摘下一朵花来。洗晒的衣服吊在绳子上，被风吹得哗哗作响，但那女人仍是站在那儿看着那棵树。

接下来，她身边出现了一个男人，那男人用手抱住她，她也用手抱住了那男的。不久之后，他们便一起倒卧在阳台上，长久地躺着耳语，最后他们沉入了睡眠。小姑娘对此感到非常吃惊，她无法理解他们两人为什么要躺在阳台上睡觉，而不去欣赏木兰花，并且试着去摘取一朵下来。她耐心地等待着，直到另一个男人在阳台上出现，他们才醒来。这个新来的男人非常气愤。尽管他什么也没有说，但还是看得出来，他非常气愤。他猛然扑向了那两个人。开始是扑向那男的，他跳起来拔腿就跑；接着是那女的，她也开始穿过晒洗的衣服奔跑起来。扑向她的男的追赶在她后面，想捉住她。后来果真把她捉住了。他把她举了起来，仿佛她没有重量似的，接着把她从阳台上扔了下去：朝着那棵木兰树的方向。好像花了好些时间，那女人才掉在了木兰树上。当她撞到那树时，树枝发出了一声巨响，有些树枝被折断了，她恰好掉在了树枝上。就在那一瞬间，她的手摸住了一朵木兰花，并且把它摘了下来。花儿握在她手中，她一动不动地趴在那儿。当时，小姑娘叫了她母亲。她喊道："妈妈，他们把一个女人扔到了木兰树上，她摘下了一朵木兰花。"她妈妈跑了出来，发出了一声尖叫，那女的已经死了。从那一天起，小姑娘渐渐长大成了人，并且坚信要是一个女人摘下了一朵花，她就一定会马上死去。

我就是那个小姑娘。也许上帝会使你避免了解到我所知道的那种法则，即在这个世界上总是让那些最强者、最残忍者和最不宽容者获胜的法则。上帝不会让你像我一样，那么早就熟悉：一个女人要为这个现实付出代价，而她要首当其冲地为此承受苦难。然而对我来说，要作如此期望纯粹是一个错误。我更希望你不久就会失去那种被人们称之为儿童时代的纯洁性。因为这种纯洁性是一种幻觉。从现在开始，你必须作好准备学会保护你自己，学会敏捷而强壮，学会把别人从阳台上推下去。尤其是如果你是一个

女人，就更应该如此。这也是一条法则，不成文但却更具效力。不是你，就是我，不是我拯救我自己，就是你拯救你自己。这就是这一法则的文字形式，应把它铭刻在心上。

孩子，在现世生活中，每个人都会对某些人做出一些伤害的事情。那些不愿服从的人不会听从那些认为服从是善良的人、屈从的人是生活中的弱者，他们不需要那种善良。我绝不自称女人比男人更善良，不会佯装由于她们善良，她们就不应该死去。好坏不值得去鉴别：这世界的生活并不会依赖于它才能进行，它依靠的是一种建立在强暴基础上的权力关系。生存是残暴的。你之所以能穿上一双皮鞋，是因为有人杀死了一头牛，剥下了它的皮来制成了皮革。你能用皮毛外套来御寒是因为有人杀死了一头动物、上百头动物，剥下了它们的毛皮来制成了衣裳。你能吃上鸡肉，是因为某人杀死了一只对其他动物并无伤害的小鸡。也许并非如此，因为甚至连小鸡也会吃掉那些到处爬行、静静啄食植物的小虫。总会有某些人为了生存要去吃掉其他动物，或剥掉它们的皮，而不管这些动物是人还是鱼。甚至连鱼也会互相残食，大鱼吃小鱼。同样的法则对鸟类、昆虫和一切都是如此。我相信只有树和植物才不会去伤害、残食什么：它们依靠的是水、阳光，而不是别的什么东西。当然，不管怎么说，一旦去掉水和阳光，它们就会凋谢、死亡。但现在是该让你知道这些恐怖事情的时候了，如果不杀害其他的生物，你能生存、养育和温暖你自己吗？

心灵感悟

这是一个"准妈妈"对她腹中胎儿的一段坦诚倾诉，而且涉及对人类自身的深切思索。文章向我们展示了这位即将为人母的女性那份柔情与真诚。

只要我愿意，父亲就一直和我们生活在一起

父亲病了，而且病得还很重。印象中父亲从来不生病，即使有一点小病也在父亲的不经意间消失了。父亲怎么可能病了呢？外表严厉的父亲有

着极其鲜明的性格：工作上果断干练，从不拖泥带水，生活上却是一个非常马虎的人，做一锅饭居然能吃一个星期。由于工作调动，所以父亲常年一个人在外，而父亲又恰恰是一个不懂得自己照顾自己的人，工作上没有时间，生活上就更没有时间了。睡觉还知道，吃饭就太马虎了。五十几岁的人了，一个人生活，苦只有父亲自己最能体会。

记得小时候，父亲工作上压力很大。当时恰逢改革初期，事业单位要企业化，父亲几乎没有时间和我们呆在一起，母亲常说："你爸爸把家当成饭馆了，我是他带工资的保姆。"在我们的印象中父亲是一位严厉的人，他爱孩子，但从不娇惯孩子，我们家的小孩没有不怕父亲的。父亲和母亲是真正的严父慈母。父亲病重的这两年一直和我们呆在一起，父亲很是乐观，常常鼓励自己说一定能活下去，他为了表示自己的决心就跟母亲说："等我病好了，我陪你去周游世界，把以前欠你的统统补回来。"母亲听了后实在忍不住了，就到卫生间里偷偷地哭。由于恶性肿瘤没有控制住，所以两年来我们的神经都是绷着的，只是瞒着父亲一人，父亲也假装什么也不知道的样子，每天大家都是一副快乐的模样。可是，上帝并没有因为我们痛苦而仁慈。父亲的身体是越来越差了，住医院的时间也越来越长了。在医院的日子里，看着别人一个一个地康复出院，我们的心里别提有多难过了，不是因为别人的健康而妒忌，而是因为不知父亲何时康复而难过。父亲一生辛劳，连退休都不让他轻松。

早些年，20世纪80年代初期，我们家生活还很艰苦，有了小孩，父亲和母亲的工资加在一起还不足100元，那个时候父亲还抽烟。等到家里境况有所好转，父亲又调到外地工作，从此父亲和母亲开始了长达10年的分居生活，而此时的父亲已经是50岁的人了。父亲常常说："好男儿志在四方。"他就是年轻时，为了响应国家号召，从东北老家只身来到了江西。每每回想起当年刚毕业时雄赳赳气昂昂的情景，父亲多少会流露出忠孝不能两全的遗憾。20世纪60年代，在全国上下一片"舍得自己一身剐，敢把皇帝拉下马"的英雄气概感召下，父亲和他的同事们全身心地投入到社会主义的建设当中，连续3年没有回老家看望我奶奶，没想到我奶奶思儿心切，竟然走了。由于当时建设工期很紧，父亲一直都没有回去。这件事父亲一直很后悔，一想到我奶奶，就会自己偷偷地哭一回，所以，父亲常说自古忠孝不能两全。看着父亲若有所思的眼神，我暗暗对自己说决不让这

种遗憾在自己身上重复。

1988年，适逢海南建省，父亲被调到海南组建公司，当时父亲已经50岁了。但是父亲的事业心极强，母亲如何挽留都不能改变父亲的决定。组建管理一个公司和管理一所设计院是完全不同的两回事，其带有浓厚的金钱色彩，导致人际关系的复杂化，人与人之间的信任度极低，像我父亲这样技术出身的干部在这样的环境下是很难开展工作的。父亲天真地以为干好自己的工作，让公司早日运转起来就会带动手下人好好地工作。谁料想公司发展了，自己却被调走了，导演这出电影里时常出现的令人心寒的镜头的竟然是自己的副手——一个卑鄙的小人，父亲受到的打击是可想而知的。本以为公司正常运行，奔波了大半生的父亲想再干几年以后可以有一个好一点的环境颐养晚年了，但是人算不如天算，父亲在自己54岁的时候又被调到昆明工作了。那是一个海拔2000米的高原，虽然四季如春，但是对于一个五十几岁的人来说无疑是一种挑战。况且要管理的又是一个负债累累的设计院。中国的工业本来就不景气，更何况在大西南。我想此时的父亲多少有一点失落。但是尽管如此，父亲的到来依然给设计院带来希望，父亲忘我的工作热情感动了大家，面对不利的外部条件，设计院竟然扭转了亏损的局面。

1996年12月16日，父亲正准备第二天到下面同当地政府洽谈项目，突然感到肚子一阵难受，进厕所一看原来是大出血。父亲病倒了，离父亲退休还有两年。父亲曾经设计过自己的晚年：儿孙绕膝，钓钓鱼，养养花，陪母亲环游世界。父亲说：自己辛苦了一辈子，没有时间享受，没有时间陪老伴，没有时间和小孩在一起，退休后全都补上。父亲一生搞过无数成功的设计，并且成功地战胜过天灾人祸，但这一次父亲没能战胜天灾。两年过去了，父亲的身体很虚弱，世界上没有比看着自己最亲的人与死神搏斗而自己又无能为力更痛苦的了。假如奇迹出现，我宁愿付出任何的代价，包括生命。奇迹不是每天都在发生吗，为什么就不会落到父亲的头上呢？不是说好人一生平安吗？

1999年3月1日，这一天是我一生中最痛苦的日子，正是这一天，上帝带走了父亲。父亲没有机会兑现他的诺言，但是我想父亲一定会和原来一样用心用感觉关注我们的生活。无论是何种形式，只要我愿意，父亲就一直和我们生活在一起。

第五篇

◆ 父母是我们的第一任老师

心灵感悟

在成长的路上，父亲不仅仅是一位宽容、慈祥的长者，更是一位良师、一位益友。父亲点点滴滴的关爱已筑成了一座山，于无言中坚定、执著地守望着我们。唯心中涌着的那股暖流在不停地促我们奋进。如同文章的作者，只要愿意，父亲就一直和我们生活在一起。

告别少年时代

夜幕降临，杂货铺打烊了。打工的小青年艾尔弗莱德，步出店门时，被满头银丝的小老头卡尔柔声喊住："艾尔弗莱德，请稍候。"

"卡尔先生，有事吗？"

"您不妨先将口袋里的几件玩意儿拿出来后再回家吧！"语气依然平静。

"什么？真不明白您在说什么。"

"您拿了一个化妆盒、一支唇膏，还有至少两支牙膏，都在您的口袋里。"

卡尔先生冷冷地注视着他。小伙子不知说什么才好，硬着头皮把手伸进口袋，把几件赃物掏了出来。

卡尔先生又问："最好老老实实向我交代，这么干已有多久了？"

"头一遭。"

卡尔先生马上反问："把我当作了傻子吧？告诉您，我注意这事儿已有很久啦！"

卡尔先生的脸上漾起一种怪诞的笑容："也许，得请您父亲来一趟！告诉他我将送您进班房。"

"我父亲上夜班。"

"那么谁在家里？"卡尔问。

"我想，母亲在吧。"

卡尔先生向电话走去。"请等一等，"艾尔弗莱德对卡尔喊道，"您大可不必牵连别人，告诉我母亲并没有必要！"但卡尔先生已经在跟他母亲通话了。

过了好久，母亲满脸堆笑地步入店门。如此平静、安详、友好，使得老板也吃了一惊。

母亲询问了事情的经过，脸上挂着讨人喜欢的微笑注视着卡尔先生："您打算如何处置他呢？"

"我想，我有权报警。"

"完全没错。不过有时我想，对一个小青年来说，在他人生的某个阶段给他指点一下迷津，也许效果更好。"

艾尔弗莱德突然觉得，母亲似乎换了个人！只见她微笑着说："您不认为我把他带回家去更合适些吗？尽管看上去像个大人，但有的孩子懂事就是懂得晚呀！"

卡尔先生原以为希金斯太太会一把眼泪一把鼻涕地为儿子求情，没料到她竟如此镇定自若，反倒觉得自己有什么地方做错了。卡尔点了点头，表示同意。

但他没有忘记通知一声，艾尔弗莱德明天起不用来上班了。

母子俩终于回到家中。希金斯太太脱去外套，对儿子看都没看一眼说："你真不是个东西，但愿上帝饶恕你！快去睡吧，老呆在这儿干吗？"

回到卧室，艾尔弗莱德丝毫不感到羞愧，只为母亲的"强有力"而自豪，应该马上对母亲说她真是个了不起的女人！

但当他步入厨房时，眼前的情景却使他感到震惊——

母亲坐着正喝茶，神情既慌张又憔悴——这和刚才在杂货铺看到的那张平静如水又生机勃勃的脸竟有天壤之别。

她拿起杯子时，手在颤抖，桌布上溅满了茶水，嘴角在抽搐，面容显得异常苍老。

他注视着母亲，默默地。他突然觉得眼下他开始告别他的少年时代，因为这似乎是他生平头一次真正地理解了自己的母亲。

心灵感悟

母爱如水，它像高山流水那样壮观伟大，像孜孜不断地流淌着的绵绵的情丝，滋润着每一个子女的心田。

即使孩子的错误不可原谅让她生气至极，母亲也会把孩子的感受放

在第一位，不希望让孩子受到伤害。作为子女，我们永远毫无条件地享受着母爱，只有怀着感恩的心，认真地体会，我们才能真正了解母亲那一颗无私的心。

凶狠的母爱

在我9岁前，爸爸妈妈把我视若掌上明珠，我的生活充满了欢乐。但自从爸爸妈妈去了一趟医院后，我的生活就不如从前了。

在我心中，我最喜欢的是妈妈。9岁了，每次妈妈回家，我还会扑到她的怀里撒娇。然而这次妈妈不仅没像以前那样揽我到怀里，还板着脸，像没看见我似的，将我拉到爸爸跟前，走进了房间，我傻了眼……

在这之后，无论我上学回来，或在家吃饭，妈妈见到我总是阴沉着脸，即使她很开心的时候，我挤到她跟前，她脸上的笑容也会消失不见。

这天中午我放学回家，发现妈妈没有做饭。我便大声地喊妈妈。妈妈走了出来，恶狠狠地骂我，掐着我的胳膊把我拖进屋里，要我自己烧饭。我望着妈妈哭起来。可妈妈竟用锅铲打我，还恶狠狠地说："不会烧，我教你！"见我不动，便又扬起锅铲打了我一下，这时她已气喘吁吁，好像要倒下去的样子。我开始有点自责了，也许是我让她生气的，于是我学着妈妈，淘米、洗菜……在她的命令下，我学会了做饭。

以前我每天早餐、中餐都是1块。可妈妈将我的餐费减为5角，中午一分也不给。我早餐吃不饱，起码要吃两个馒头。她说她读书时，早餐只有两角。还说饿了中午回家来吃，以后只给5角，叫我别想要1块。而中午那1块钱，她说我不该要，我要了会浪费。

就这样，我每天只能得到5角钱了。中午，同学们都买零食，而我只能站在一边咽口水。从此我恨起了妈妈，她把我的经济来源掐断了，她把我和同学们隔开了。

不久，妈妈住院了。爸爸让我去探望她，妈妈在输液，闭上了眼睛。

爸爸伏在她耳边说我来看她了。她睁开了眼睛，脸突然变得乌青，对我吼道："你给我滚，滚！"

我想起了她对我的苛刻，我气冲冲地跑了。我发誓再也不要这个妈妈了。

3个月后妈妈死于肝癌。葬礼上，我没流一滴泪。要不是爸爸强按着我跪下，我是不会跪下的。

不久，我有了继母。

尽管我的继母平时不大搭理我，但我觉得她比我的妈妈好。

我听到继母和爸爸的谈话。爸爸打算每天给我2块的餐费，继母说我在长身体，每天给他3块吧。第二天，我果然拿到了3块。

我跟继母的关系融洽起来，继母常常对爸爸说我是一个聪明乖巧的孩子。

15岁那年，我考上了县里的名牌高中。

继母非常高兴，可爸爸却犯了愁，学费怎么办？继母坚决地说，没钱先凑凑，孩子只要能读上书，要多少钱我来想办法。爸爸突然一拍脑门，从箱子里拿出一个铝盒。他说，这是我妈妈留下的。他告诉我说："你妈妈临终前说，这个铝盒要等你上高中时才能打开。"

我不屑地摇摇头，转身便走。爸爸叫我回来，说："你妈养你不容易，无论你多恨她，都该看看。"

我只好接过铝盒，扭开锁，打开盒子。

铝盒内有一封信，纸下是一张存折。我展开信，熟悉的笔迹跳入眼帘：

儿：

当你读到这封信时，妈已经长眠地下6个年头了。

你还记得吧，我和你爸从武汉回来的那天，你扑向我，我真想把你抱起来，但一想起医院检查的结果，妈的心颤抖了，妈得了绝症啊。那时我首先想到的就是你还小。

妈不久将离世，可你的路刚开始。我太爱你了，儿要什么，妈就给什么。如果我死后，你不会过日子，拿妈和继母比较，那就坏了。我决定，要让你恨我，越恨越好。

妈怎舍得打你呦！你长这么大，妈从没打过你。可为了让你学会过日子，妈抄起锅铲打了我儿……

你外婆筹到5000元钱给我治病，我托人把这笔钱存下了。你外婆催我买药，我都说已经买了。现在，这笔钱够不够交学费？要不够，你也大了，可以挣钱了。

读完妈妈的遗书，泪水模糊了我的双眼。我终于明白妈妈的冷眼打骂，是为了我今后的自强自立啊！

我痛哭失声，冲出家门，边跑边喊："妈妈！"一直跑到妈妈的墓前。在妈妈的墓前，我长跪不起……

心灵感悟

　　母亲，在我们心里的形象永远是慈祥的、温柔的，母爱更是纯洁的、博大的，充满了温情的味道。这位"凶狠的母亲"又是无私而睿智的，为了让女儿能感恩于继母，她不惜毁掉"母亲"慈爱的形象；为了让女儿能得到更好的教育，她放弃了能延续自己生命的治疗。试问，世界有哪一种爱比这更博大？

最好的礼物

　　喜剧演员戴维·布瑞纳出身于一个贫困但很和睦的家庭。可是，在中学毕业时，他得到了一份难忘的礼物。

　　"我的很多同学得到了新装，有些富家子弟甚至得到了新的轿车。"他回忆说，"当我跑回家，问父亲我可以得到什么礼物时，父亲的手伸进了上衣口袋，取出一样东西。我伸过手去，他把我的礼物轻轻坠落到我手上——一枚硬币！"

　　父亲对我说："用这枚硬币买一份报纸，一字不漏地读一通，然后翻到分类广告栏，自己找一个工作。到这个世界去闯一闯，它现在已经属于你了。"

　　"我一直以为这是父亲同我开的一个天大的玩笑。几年后，我去部队服役，当我坐在散兵坑道认真回首我的家庭和我的生活时，我才认识到父亲给了我一件什么样的礼物。我的那些朋友得到的只不过是轿车或者新装，但是父亲给予我的却是整个世界。这是我得到的最好的礼物。"

心灵感悟

　　父亲送给戴维·布瑞纳的一枚硬币在数年后让他明白了"父亲给予我的是整个世界"！

　　这件小事蕴含着深刻的道理耐人寻味，父亲的言传身教让他受益，

"自己找一个工作"，"到这个世界去闯一闯"这种看似绝情、实则饱含深情的教育深深地影响到戴维·布瑞纳的一生，乃至使他成为一个著名的喜剧演员。

被父母娇养惯了的孩子们，你们是否也能理解父亲那一片好意，是否能读懂他隐藏在深处的舐犊之情？

那爱，是一直存在的

说句实话，我觉得父亲不是很疼爱我。生出这个念头不止一次了，我有好多次怀疑过父亲对我的感情。从母亲那里听说了小时候，父亲是怎么对我的，我很吃惊父亲对我的态度。我也以自己的感官觉察到他不疼我。你想想，一个不喜欢抱孩子，不喜欢外出带上孩子的父亲，怎么可以算得上一个好父亲呢？

我从小就怕他，因为他很严肃，不爱说话，我们之间的交流很少。到了初中，那就更别提了，我的知识多了，他却一点也不懂，自然也无从问起。这一阶段基本上是我自己说了算。对于这样的父亲，我的心里很恼火，很委屈，但他懂得怎么样去种地，想办法赚钱，养家，我又不得不尊重他。

高一那年，就在我寒假考试前几天，为了挣为数不多却又来之不易的钱，父亲出事了。是场车祸，而且很可怕，如果不是运气好的话，父亲很有可能就会出意外了。不过，当时我是连一点儿都不知道的，是父亲的意思，怕耽误我学习。我回家没见到家人，只有姑姑。她告诉我了一切，我记得我的腿都软了，快要站不住了，眼泪马上就滚落下来。很怕的那种。我连一分钟都没有多呆，就跑到医院去了。见到了在病床上的父亲，是那么的憔悴，但是在见到我的那一瞬间，又是那么有神。我根本就没说什么，因为我已经说不出来了。真的，我除了叫一声爸之外，就只剩下了眼泪了。我一哭，旁边的母亲也跟着哭了起来。父亲就吵母亲，"哭什么哭，孩子刚来，别让他难过。"母亲的眼泪渐渐止住了，父亲就安慰我，说没有出意外是好事，别哭了。的确，人到这时候，能说什么，想什么呢，只有往好处上想，说不太让人难过的话，这样才可以减少亲人痛苦的心情啊。父亲虽然不识字，但他很明白这个道理。母亲一直在父亲身边照顾他，我

则要照看小妹和整个家。也就是在那个时候，我认识到了自己的无知。以前我总以为长大了，可以独立了，而实际上呢，看到别人家里都是大人小孩子有说有笑的，我总想哭，总希望父亲母亲能出现在家里，他们是家里的梁头，是他们用身躯和爱心支撑了整个家，没有他们我就如少了站起来的动力和毅力。那时候我经常深夜不眠，反思自己，是不是误解了父亲？如此无端的怀疑是不是很不懂事？父亲是真的不爱我，还是一心想挣钱养家为我读书而忽略了对自己孩子的爱？

好运也紧随父亲而来，不管花了多少钱，父亲是出院了。出了医院就有希望，不是吗？但是形式还是不容乐观的，医生告诉我们，父亲的身体里有些部位是用钢钉的，叮嘱了许多次回去千万不要再干重活了，万一有什么闪失，那后果将是不堪设想的。我们点点头，却不作声，因为我们不知道这该跟父亲怎么说，明明知道这是父亲接受不了的。

因为是医生的叮嘱，所以我不知道父亲接下来要怎么办，很为他担心，怕他非要干活而出意外。所以我在上学的时候经常打电话回家，问父亲的情况。父亲倒是很安静，真的没有再要逞强了，在家里安心养病。为此我特别高兴，这样我就可以在学校里学习了。

一个星期天，我在家里。早上父亲叫起我来，让我跟他一起去砍一棵树。我清晰地看到了父亲头上的白发又添了好多，心里特别不是滋味。那棵树不是很大，也不是很粗，凭我的力量，应该不久就可以砍倒吧，我心说，这样父亲就不用下手了。但是我错了，刚砍几下，我那双娇嫩的手就磨出了水泡，火辣辣的疼，那树根还是没断。父亲笑了，挥动大斧子，比划了一下树根，向后抢起，再用力砍下去，没用几下，那树根就断了。看着父亲挥动斧子的利索劲儿，好像是在证明他的伤痛全好了一样。我在想年轻时候的父亲应该是个很利索的青年吧。我正在走神，猛听到父亲喊了一声："快，闪开！"还没等我愣过神来，父亲一个箭步跨过来，狠狠地推了我一下。没有防备的我摔倒在地，不过再回头时，禁不住脸都白了，那棵树就砸在我刚才站的地方。我马上想起了父亲，父亲呢？他有没有事？此时的我心里全是感激，悔恨。幸好父亲也躲开了，要不然我该怎么办？不过，从父亲脸上扭曲的表情就可以知道，他的伤口又痛了。我跑过去，扶住了父亲，眼泪很不争气，马上就跑出来了！

原来这就是亲情，很不外露的感情。那父爱，原来一直都是存在的，

只不过我没有觉察到，或者说我自己忽略了。父亲是个乡下人，乡下人自有他们疼爱子女之道，是很隐蔽那种，要你仔细地去寻找，去品味，才可以发现我们的父亲是那么的和蔼可亲。

 心灵感悟

人常说，父爱是一座山，高大威严；父爱是一汪水，深藏不露；父爱更是一双手，抚摸着我们走过春夏秋冬。父爱更是一滴泪，一滴饱含温度的泪水。平日生活中我们难以感到父亲那厚重的爱，仔细地想一想，我们忽略的东西，往往是人间最可珍贵的……

29 条蜈蚣

我读初一那一年，刚好赶上初中开设英语课程。但初一上学期，我所在的乡村中学并没有人教我们这门课。校长向我们解释说，学校没有英语教师。但学校已经派了一位数学老师去黄冈学习英语，等他下个学期学成回来，就可以教我们英语了。

初一下学期，那位老师回来了，但他只经过一个学期的短暂培训，英语水平可想而知，结果我们学得一塌糊涂。为此校长请了一位真正的英语老师假期里为我们补课。补课为期一个半月，但补课是要收钱的，每人10块钱。

我回家后，立即将这件事告诉了父母。父亲听了，很高兴，当下便说："有人补课，真是好事。你去，好好学，一定要将这门课赶上去。"母亲则一言不发，轻锁眉头，幽幽地叹了一口气。

穷人家的孩子懂事早：母亲一叹气，我立即便醒悟过来，只怕是家里拿不出那10块钱的补课费。于是我嗫嚅着说："要是家里没钱，这课，我就不补了。"母亲没作声，父亲则一拍大腿，叫了起来："咋不补？补！这钱的事，我会想办法！"

父亲所说的想办法，就是出去借。当天晚上，父亲吃完饭就出门借钱去了。早几个月，我母亲生病住院，那住院费就是父亲走东家串西家借来的。但那些钱还没有还呀，父亲能再借到钱吗？我有些担心，睁大眼睛躺在床上等父亲的消息。

直到半夜的时候，父亲才回来，我侧耳倾听，就听到了他和母亲的说话声，他说，他走了九家，一分钱也没借到。母亲就埋怨他："我们借别人的钱都还没还呢，人家当然不给。我看，咱孩子就别进什么补课班了。"

"这哪成？"父亲的嗓子大了起来，"怎么着也不能误了孩子读书呀。我们慢慢想办法吧，反正离7月11日还有一个月呢。"母亲没再言语，重重地叹了一口气。这一口气直叹到我的心里，我懂得那一声叹息里的无奈和愁苦。

第二天中午，生产队收工老半天了，还不见父亲回来。母亲便叫我去问隔壁的三叔。三叔告诉我，父亲收工后一个人去了村后的破庙。

我们村后有个小庙，倒塌已有好些年了，那里除了有几堵残壁之外，就是齐腰深的杂草。那里一年到头少有人迹，父亲去干什么呢？

我带着疑问往村后的破庙走，远远地就望见父亲猫着腰，在残垣断壁间翻动砖块，像在寻找宝物似的，一副专心致志的模样。我问父亲这是干吗，他抬起头来，举起手中的一个瓶子，一脸喜悦地说："你瞧，我这瓶里是什么？"我一看，瓶子里装着两条大蜈蚣。父亲抬手抹了抹汗，脸上便显出几道黑黑的印子，那是破砖上积年累月的尘埃。

父亲的一张花脸笑得极开心，他告诉我，他今天打听到，公社的卫生所要收购蜈蚣做中药，一条5寸长的蜈蚣可以卖4毛钱，3寸长的蜈蚣可以卖两毛钱。"我捉的这两条蜈蚣，一条有5寸多长呢，那条小点的也有3寸吧。这就是6毛钱呢。照这样计算，要不了一个月，你的补课费就有了。"

我听得兴奋起来，也要在那里捉蜈蚣。父亲却拽着我的衣领将我带回了家，一路上，他恶声恶气地说："你以为捉蜈蚣是好玩的？弄不好被它蜇了，那可就不得了。"

父亲的话唬不住我。当天下午放学，我就去了村后的破庙，也在那些砖头之间翻找起来。找了半天，却一无所获。天擦黑的时候，生产队收工了，父亲赶来了。他一见我，先是一愣，接着就吼了起来："我说的话你干吗不听？你这臭小子，看我不打死你！"他作势要打我，但扬起的巴掌终

究没有落到我的脸上，他好言相劝道："你得听话。蜈蚣毒得很呢，你如果被蜈蚣给蜇了，恐怕花10块钱还治不好你的伤。到时，你补课的事，就真的没指望了。"父亲的话入情入理，我只得乖乖地站在一旁，看父亲如何捉蜈蚣。

父亲一块一块地拆残壁上的砖头，边拆边告诉我，蜈蚣喜阴，会躲在砖块的缝隙里。这样拆了一会儿，当父亲搬起一块砖的时候，果然就有一条蜈蚣从砖缝里钻了出来，沿着残壁奔跑。我生怕蜈蚣逃掉了，忙拾起地上的一根树枝向蜈蚣打去，父亲却伸手挡住了树枝，他的手背硬生生地挨了我那树枝的一击。他的双手准确地按住了蜈蚣的头尾，将蜈蚣捉了起来，放进瓶中。待盖好瓶盖，他才去揉被打痛的手背，同时庆幸地说："好险！这4毛钱差点被你报废了。你要知道，卫生所收购的是完好无损的蜈蚣，破了点皮的，他们都要压价。你要是将这条蜈蚣打个稀巴烂，哪卖得出去？"

因为父亲不允许我去捉蜈蚣，所以，以后我就没去。倒是父亲，每天一收工，就准时去了村后的破庙。在我的记忆中，那几天父亲几乎没吃过中午饭，因为他从破庙回来的时候，生产队里出工的钟声就敲响了，他只得空着肚子扛着工具去劳作。但那些日子，他的脸上总是挂满了笑容，因为每一天，他都会收获一两条蜈蚣。他将捉回的蜈蚣小心地用细小的竹片儿弓起来，竹片的一头顶住蜈蚣的头，一头顶住蜈蚣的尾，蜈蚣就像一张弓上的弦，直挺挺的，被父亲放在窗台上晾干。

大约是第五天吧，傍晚的时候，父亲将一条被捉回的蜈蚣从瓶子里倒出来，正想拿竹片儿弓起来的时候，那条蜈蚣却跑了，父亲只得抓。不知是太心急还是怎么的，父亲的手指刚刚挨着蜈蚣，我就听到父亲"呀"地叫了一声，他被蜈蚣蜇。但父亲并没松手，仍将那条蜈蚣弓了起来，当他将那条蜈蚣向窗台上放时，我看到父亲脸上的肌肉都扭曲了，嘴里痛苦地咝咝吸着气。

我要看父亲的伤口，他却故作轻松地说："没事，就像蚂蚁叮了一下，什么事都没有。"母亲也慌了神，要送他去卫生所，他却冲母亲吼了起来："就爱大惊小怪！这样也要去卫生所呀？没事的，睡一觉明天就好了。"

结果，第二天吃早饭的时候，父亲右手的食指肿得像根胡萝卜，连筷子都拿不了。但他仍然去出工，仍然收工后去村后的破庙。母亲告诉我，

父亲昨晚痛得一整夜没合眼，为了不惊动我们，不让自己呻吟出声，他将枕头都咬破了。但他死活不肯去卫生所，他说，好不容易捉了几条蜈蚣能换回一点钱，他不能因为这点伤而将钱糟蹋了。听到这话，我再也抑制不住自己，潸然泪下。

父亲的手指10天以后才渐渐消肿、痊愈。这期间，他没看过伤没吃过药，仍然一如既往地劳作，一如既往地捉蜈蚣。他整个人明显瘦了一圈。他经历了多么大的痛苦，我无法体会，但他对儿子的浓浓爱心我却能深深感受到。

就这样过了二十来天，我家的窗台上晾出了29条蜈蚣。我反复用尺子量过，5寸以上长度的有17条，三四寸长的有12条。这么说来，可以卖9块2毛钱了。只要父亲再捉两三条蜈蚣，我那10块钱的补课费就有着落了。一家人正在为即将到来的胜利而高兴的时候，意想不到的事情发生了。

那天午饭后，生产队出工的钟声都响过了，父亲还没回来。母亲不放心，就与我一起去村后的破庙找父亲。我们走到破庙才发现，父亲倒在乱砖堆中，已经昏迷了。我和母亲吓得六神无主，手忙脚乱地抬起父亲往公社卫生所跑。医生一检查，说父亲是摔伤的，左臂已经骨折了，得住院。原来，父亲是在残壁上捉蜈蚣时一脚踩空，从墙上摔下来的。

当天下午，父亲就苏醒了，一醒过来，就嚷嚷着要回家，他仍是那句话："这点伤没事，我不能躺在医院里糟蹋钱。"但这一次，无论他怎么嚷嚷，我和母亲都没放他走。

但是，第二天，趁我和母亲没注意，父亲还是从卫生所悄悄溜了出来，跑回了家，无论我和母亲怎样劝说，他也不回卫生所去，他说，反正手臂已经上了夹板，不碍事了，不用再花那冤枉钱。父亲的手臂两个月后总算基本痊愈了，这是我备感庆幸的事情。但我最终没能进那个英语补课班，因为那29条蜈蚣，都被我卖掉作为父亲的医药费了。

父亲一提起这件事，就自责说自己太没用，害得我进不了补课班。但我丝毫没为进不了补课班而惋惜，相反，我备感温馨和幸福。我失去了一次补课的机会，但我却感受到了世间弥足珍贵的东西，那就是父亲那浓浓的爱。所以，那一段生活虽然苦涩，但却最值得我珍藏和追忆。每每忆及这段经历，我的心里就有如沐春风般暖暖的幸福感。正是这种感觉，让我懂得，该以怎样的态度怎样的情怀面对生活，面对人生。

而教会我这一切的正是父亲面对挫折面对人生的态度。

　　父爱是不同于母爱的另一种表达。如果说母爱是热情燃烧的烈火，那么父爱则是甘之如饴的泉水，没有欢腾，没有激情，却有母爱一样的温暖与博大。

　　父爱是一种语言。一种只存在于父子之间的说不出的语言。它告诉我们如何坚强地面对生活中的苦难。父亲，就这样以身作则地为我们树立起榜样。

谢谢您，让我重获新生

　　仿佛是一场梦。梦里，他说他急需一笔钱，生意上的一笔外债要打理。他的眉头拧着，好看的脸痛苦地扭曲。他的模样让我心痛。犹豫再三，我终于将手头图纸的复印件，高价卖给另一家公司。一个月后，这家公司的新式服饰居然早于我公司上市。我也被毫不客气地解雇。而他与我所有的存款，却在一夜之间都失踪了。

　　我的心疼挛成麻花。我痛的不只是钱、工作，而是我苦心经营了3年的感情啊！我宁愿这是一场梦，不再醒来。

　　可是那个微凉的清晨，我还是听到了厨房里的叮当声。他回来了！这个想法袭来时，我的眼泪刷地奔涌出来。是的，他是爱我的，像我爱他一样，他怎么舍得抛下我。我挣扎着起来，卧室的门打开，进来的是一张苍老的脸——是母亲！说不尽的失望在心里蔓延。我重新落枕，闭上眼睛。

　　母亲端来一碗粥，小心问，喝点？我想摇头，小米粥的香味却氤氲钻进我的鼻子里，肚子也不失时机地狂叫，我有几天没吃东西了。我将一碗热粥倒进肚子里，胃马上熨帖了。母亲很欣喜，问，再来一碗？我摇头。她想再劝，我已闭上了眼睛。

　　每天清晨，母亲早早起床，将窗帘与窗子打开，阳光与风立即闯进来。然后，她下楼买菜。我无法再赖床，只好起来，穿衣，洗漱。镜里，

人比黄花瘦。看着母亲忙碌的身影，我有些心疼地说："妈，我没事，你回家吧，家里那么多鸡呀兔子的，我爸一个人照看不过来。"

第二天我买了回家的车票，收拾好她的东西，不容分说，送她到车站。车站上，母亲流了眼泪，她说："莫儿，人生什么坎儿都能过！"我耸耸肩故作轻松地说："我知道。你以为我是小孩儿？"

母亲抹着眼泪上了车。我扭过头往回走，眼泪哗地就下来了。我一边流泪，一边拨通倩儿的电话。

倩儿在电话那头咯咯地笑，她问："鲁莫儿，你还记得我？"

我当然记得她。她是我的同学，后来，总是花枝招展地出入男人间。我称她为交际花。

跟倩儿在一起的日子很快乐。白天睡觉，晚上喝酒，蹦迪。迷离的灯光，刺耳的尖叫，让我远远地逃离痛苦。在这里我认识了张老板。

那个午夜我再次喝得酩酊大醉。张老板送我回来，行至楼下，我打开车门出去。一阵风吹过，我的胃里一阵难受。我捂着胃蹲下去。张老板下车扶住我，滚烫的脸凑在我耳边。他说："你这样子，让我心疼。"我一怔。这话太熟悉了。我仿佛被这句话点燃。恍惚间，他抱起我，就要上楼去。

忽然间，不知从哪儿来的野狗，一下子扑了过来。他"啊"一声放开我，我被摔在地。野狗还不停地追。他气喘吁吁地跑。猛然间想起来，赶紧打开车门，一溜烟地跑了。

我揉着摔疼的屁股，酒醒了一半。想起刚才的一幕，不由得出了一身冷汗。

第二天依然在中午醒来。头昏沉沉，胃里火烧火燎，想起母亲的小米粥，我不禁叹口气。酒吧不可以再去了，张老板也不适合继续交往。未来何去何从，我感到一片迷惘。

倒一杯白开水，顺手打开手机。手机铃声即时响起，是个陌生的号码。一个亲切的声音问："您是设计师鲁莫儿？"

我怔住。设计师鲁莫儿，这个称呼，仿佛距今一个世纪之远。曾经，这个称呼让我骄傲，被我苦心经营多年，却被自己一朝毁掉。我稳住情绪，问："您有事？"

对方说："我是汇泉服饰公司，想请您设计一款风衣。"

我的泪缓缓落下来。原来，这世界并没有抛弃我，我还有重塑自我的机会。我的精神一下子抖擞起来。我夜以继日地做设计，虽然累，却感觉踏实。

让我欣慰的是，这样的邀请电话还在不时打来。虽然没有一家公司正式聘用我，我仍感觉满足。曾苦心经营过的名气，其实比爱情更加可靠。

好消息似乎一个接着一个。那天，我在报纸上看到一则广告：一家外资服装公司进驻本市，要招聘几名服装设计师。我将自己打扮妥当，笔试、面试，居然一路过关。那天回来，我在楼下的小公园里一直坐到黄昏，心里百感交集。我想起妈妈说的话，人生没有过不去的坎儿。

手机在这时候响了，是那家外资企业打来的，一个甜甜的声音说："您好，总管想请您将个人资料发到公司邮箱，好吗？"

我握着手机，飞一样上楼去。来不及换拖鞋，先打开电脑开关。电脑却不亮。我诧异，开灯，灯也不亮。我一拍脑袋想起来，半年多没交电费了吧，是停电了。我转身，往楼下不远处的网吧里跑。

我对着网吧的电脑屏幕，劈劈啪啪输入个人资料。忽然间，一个熟悉的声音响起。我雷击般怔住。

那个声音说："小伙子，你再帮我发个信息。"

小伙子是网吧管理员，他说："阿姨，这个信息不是发过了吗？"

那个声音说："上次发的期限是3个月，已经过期。谢谢你了。"

然后，我听着那个声音念：鲁莫儿，服装设计师……我无法形容自己的心情。我怔怔地听那个声音念完，然后付钱，离去。我木头一样站起，远远地跟着她。我的母亲！她瘦小的身影有些佝偻，风吹着她的白发，她身上穿的，还是我上高中时穿过的小棉袄。

她走过一条熟悉的路，来到一个离我家不远处的地下室，站住，开门，进去。然后，地下室里的灯亮了。

我呆呆站了很久，终于抬手，敲门。母亲开门，见了我，眼里涌出意外，还有我再熟悉不过的慌乱。我往里瞧，地下室里，一只木床，一个电饭锅，锅盖开着，里面是水煮白菜。一条狗，拴在床头，趴在地上，见了我，"蹭"地站起，眼睛里是警惕，继而，是惊喜。我们家的老黄狗！

母亲什么时候回来的？在这个地下室住了多久，3个月？4个月？她是如何藏好这只老黄狗的？城市里不准养狗。这个只会喂鸡和养兔子的小老太婆，怎么会想到去网上发布信息？

我泣不成声。总以为自己已经长大，母爱太多，太泛滥，只能成为我的负担。却没有想到，原来我的每一步，都是瘦弱的母亲在推着我走。每一道坎坷，都是母爱的潮水在抚平。

我将母亲接回家里。我吃她做的小米粥，一碗接一碗地吃。母亲笑呵呵地说，多吃点儿，长得胖胖的好看。母亲还说，你得自己做饭，学会照顾自己。我还想挽留她，她说："家里的那些兔，你爸一人哪能忙过来，还有那些鸡，全送人了。这些日子，可苦了大黄狗。"

母亲唯独不说苦了她自己。

我送母亲去车站。母亲说："莫儿，日子会越过越好……"我拼命地点头。是的，母亲，日子会越过越好，因为母爱那么多。

心灵感悟

母爱的感觉永远是温暖的，那是永远的支持、无限量的包容。在我们遭遇挫折时，她会翩然而至，给我们信心，帮我们打气，助我们走出命运的低谷。她甚至会想到用特殊的方法，以朴实的母爱拯救我们的灵魂，在我们跌倒时，她悄悄地来，在我们站起来时，她又悄悄地走。母亲，用她的行动告诉了我们什么叫振作，让我们知道日子会越过越好。